AF576363

La fin de l'innocence

Questions contemporaines

Collection dirigée par Jean-Paul Chagnollaud, Bruno Péquignot et Xavier Richet

Chômage, exclusion, globalisation… Jamais les « questions contemporaines » n'ont été aussi nombreuses et aussi complexes à appréhender. Le pari de la collection « Questions contemporaines » est d'offrir un espace de réflexion et de débat à tous ceux, chercheurs, militants ou praticiens, qui osent penser autrement, exprimer des idées neuves et ouvrir de nouvelles pistes à la réflexion collective.

Dernières parutions

Mokthar BEN BARKA, John CHANDLER et Daniel GREGORIO, *Rencontres religieuses : entre coexistence et cohabitation,* 2020.

Jean-Louis CHISS, *De la pédagogie du français à la didactique des langues*, 2020.

Les disciplines, la linguistique et l'histoire

Antoine BAUDON, *Les enjeux du désengagement des jihadistes*, 2020.

Arno MÜNSTER, *Émancipation (de Marx à Marcuse)*, 2020.

Mohamad SALHAB, Jean-Claude BEAUNE et Odette BARBERO (dir.), *La technologie une et multiple, Réflexions libanaises et françaises,* 2020.

Philippe JOURDAIN, *Gilets jaunes, Mai 68*, 2020.

Michel ADAM, *Composer avec la nature. Renaturation et géocitoyenneté*, 2020.

Jacques BEAUCHARD, *Le peuple contre le peuple. Démocratie et Gilets jaunes*, 2020.

Pierre MORLANNE, *Pour en finir avec les religions*, 2020.

Louise FINES, *Enfants au travail : le paradoxe de la nécessité et du choix*, 2020.

Abdelbaki BELFAKIH, Abdelkader GONEGAÏ, Bruno PEQUIGNOT (dir.), *Art, individu et société*, 2020.

Alain REDSLOB, *Évidences économiques d'hier et d'aujourd'hui. Pensées, innovations, mutations*, 2020.

Coralie Camilli

La fin de l'innocence

Une relecture du *Procès* de Kafka

5-7, rue de l'École-Polytechnique ; 75005 Paris

http://www.editions-harmattan.fr

ISBN : 978-2-343-19387-8

EAN : 9782343193878

Le droit qui n'est plus appliqué, mais seulement étudié - telle est la porte de la justice. La porte de la justice est l'étude.[1]

[1]Benjamin, W., *Oeuvres* II, Folio essais, Gallimard, Paris, 2000, p.452

Sommaire

Chapitre I: L'Accusation 11

-Calomnie et faux-témoignage : la question de la culpabilité de K. 11

-« Sans se soucier de la justice », nouvelle interprétation 29

Chapitre II: L'Absurde 37

-Etrangeté et légèreté 37

-La règle 42

Chapitre III: La Loi, ou pourquoi il n'y a pas de messianisme kafkaïen 49

-La faute et l'étude 49

-L'Apologue et Eichmann 58

-Il n'y a pas de messianisme dans le *Procès* 64

-Ouvertures 67

Chapitre I: L'Accusation[2]

Il n'est rien qui ne relève de la justice ! -« Première nouvelle », dit brièvement K. [3]

-Calomnie et faux-témoignage : la question de la culpabilité de K.

Oui, K. est coupable. Disons-le d'emblée. Et qu'il nous soit permis d'expliciter la nature de sa culpabilité par la suite car, pour être plus précis, K. devient coupable. Le roman l'affirme clairement dès la première phrase : « on avait sûrement calomnié Joseph K., car, sans avoir rien fait de mal, il fut arrêté un matin »[4]. Ce sera donc au creux même du procès, durant le déroulement de sa procédure, que K. se rendra coupable d'une faute qui aura pour issue finale la mort. Il ne s'agit pas d'affirmer que Kafka n'a pas voulu dénoncer la barbarie bureaucratique, mais : pourquoi l'aurait-il fait en illustrant la procédure infligée à un innocent, et non à un coupable ? Pourquoi K., parce qu'il est exécuté, serait-il nécessairement une victime ?

---

[2] Cet essai reprend et développe l'argument d'un article publié dans les *Cahiers Philosophiques de Strasbourg*, « Joseph K. est-il coupable », n° 33, 2013, « Les Philosophes lisent Kafka », textes réunis par L. Veinstein.

[3] Kafka, *Le Procès*, Paris, Gallimard, (traduction d'A. Vialatte) 1987, p.191

[4] *Ibidem.*, p.23

Pour résumer le contenu de l'œuvre : K., employé et homme ordinaire, est mis en arrestation un beau matin, sans qu'il sache pourquoi. Va s'en suivre une série de convocations au Tribunal, considérées par K. comme inutiles, lui qui ne cesse de clamer son innocence, et qui d'ailleurs est laissé en liberté durant sa procédure, continuant ainsi à vaquer à des occupations habituelles et à des rencontres opportunes. Il sera finalement exécuté.

Notre interprétation de certains passages du *Procès* ne se présentera pas comme la seule possible, ou la seule véritable. Le *Procès* de Kafka est une œuvre, qui, en tant que telle, peut donner lieu à une multiplicité de lectures : pourquoi vouloir en réduire la portée ? De même, nous ferons le pari de lire l'œuvre indépendamment des intentions, toujours plus ou moins supposées d'ailleurs, de l'auteur. Il ne s'agira pas de discuter de ce que Kafka a voulu dire, aurait souhaité affirmer, a peut-être voulu nous confier à demimots ; non, nous nous appuierons seulement sur ce qu'il a écrit. Si nous nous éloignerons sans doute des interprétations déjà existantes du *Procès*, nous le ferons en nous appuyant principalement sur la tradition juive, et sur les interrogations philosophiques qu'elle soulève, notamment concernant le rapport qu'entretient l'individu accusé avec la Loi.

Aussi, si Agamben lit l'histoire de Joseph K. avec pour arrière-fond le droit romain[5], nous tenterons, quant à nous, de l'interpréter au regard du droit hébraïque.

Nous lirons donc le récit du procès de Joseph K. comme on lit certains textes bibliques dans la tradition talmudique : en nous demandant ''qu'est ce qui est écrit ? '', ''quel sens peut-on en tirer ? '', sachant bien que la position que l'on

---

[5] Agamben G., *Nudités,* Paris, Payot et Rivages, 2009

adoptera, ou la thèse que l'on défendra, n'épuisera pas toutes les ressources du texte, qui peut être lu, tourné et retourné dans de nombreux sens.

Le *Procès* commence de manière pour le moins surprenante : au lieu de s'ouvrir -comme on pourrait l'imaginer- sur un acte d'accusation, d'incrimination, sur le récit du délit commis par celui qui va se retrouver accusé, le premier chapitre du livre passe au contraire sous silence la raison de l'acte d'accusation de Joseph K., et s'intitule « Arrestation de Joseph K., conversation avec Mme Grubach puis avec Mlle Bürstner ».[6] L'œuvre débute donc non pas sur le crime ou le délit commis par l'accusé, mais déjà et d'emblée sur son arrestation. Et pour toute raison de cette arrestation, on trouve la phrase suivante : « on avait sûrement calomnié Joseph K., car, sans avoir rien fait de mal, il fut arrêté un matin »[7].

Cette affirmation mérite évidemment que l'on s'y arrête. Elle semble nous proposer deux possibilités de lecture concernant la culpabilité de l'accusé ainsi que la (ou les) raison (s) de son arrestation.

Soit Joseph K. est innocent, il n'a commis aucune sorte de délit ou de crime punissables par la justice, « il n'a rien fait de mal » au sens propre du terme, et en ce cas, son arrestation n'est que le fait d'une calomnie, c'est une injustice, une erreur, une inconséquence : Joseph K. est une victime.

Soit Joseph K. a commis une autre sorte de crime, qui le rend coupable aux yeux d'une justice dont les raisons ne peuvent nous apparaître que mystérieuses. Il n'a peut-être « rien fait de mal », mais alors la raison de sa culpabilité est

---

[6] Kafka, *Le Procès, Ibidem.,* p.23
[7] *Ibidem.*

qu'il n'a rien fait de bien, il a manqué à ses devoirs, ou il a manqué à un bien qu'il devait faire. Or ce manquement, *rhet* en hébreu, soit littéralement, ce péché, s'en trouve punissable : Joseph K. est coupable.

L'interprétation dominante du texte de Kafka s'arrête sur la première hypothèse de lecture, faisant de K. le représentant victimaire de la terreur bureaucratique. Ces lectures, en maintenant l'innocence de K. pour maintenir l'injustice du système dans lequel il est pris, font de la problématique centrale du roman, comme le pensait Hannah Arendt, « le fonctionnement d'une sournoise machine bureaucratique dans laquelle le héros a été innocemment attrapé »[8]. Elle résume sa position concernant plus généralement les romans de Kafka dans *La Tradition cachée*, où elle peut écrire que « le thème central des romans de Kafka est un conflit entre un monde qui est décrit comme une machinerie fonctionnant sans heurt et un héros qui cherche à la détruire »[9]. Le *Procès* n'y échappe pas et, selon Arendt, il se caractérise par le fait de nous donner à voir un héros dont la mission sera de mettre à jour les fonctionnements sournois, les insanités cachées, les structures ruineuses de l'appareil étatique et judiciaire. Malgré la dualité peut-être trop affirmée de cette interprétation - on aurait d'un côté le système bureaucratique criminel et absurde, régi par des bourreaux ordinaires, et qui tourne à vide ; et de l'autre côté le héros, qui se défend contre les injustices d'un monde qui pourtant lui échappe - la lecture de Arendt a pourtant le mérite de souligner que l'innocence de K. est limitée : « dans le cas du *Procès*, une

[8] Arendt H., *Franz Kafka*, Heidelberg, Sechs Essays, Lambert Schneider, 1948, p.128

[9] Arendt H., *La tradition cachée, le juif comme paria*, Angleterre, Christian Bourgeois, 1993, p.112

telle soumission n'est pas atteinte par la force, mais simplement par un sentiment de culpabilité croissante qu'éveille chez l'inculpé K. une accusation vide et sans fondement. Ce sentiment repose naturellement sur le fait qu'aucun homme n'est absolument innocent »[10]. Innocence limitée, mais cependant jamais remise en question par Arendt, qui poursuit : « ainsi le fonctionnement de la machine bureaucratique maligne dans laquelle le héros s'est innocemment empêtré s'accompagne-t-il d'un cheminement intérieur déclenché par le sentiment de culpabilité »[11].

La lecture du *Procès* par Arendt semble directement inspirée –pour ne pas dire dictée- par les évènements historiques du siècle qui a été le sien. En effet, comment ne pas penser aux injustices commises par ''le fonctionnement de la machine bureaucratique maligne'' que fut l'organisation nazie et stalinienne que connut Arendt ? Le fait que son interprétation de l'œuvre kafkaïenne prend immédiatement des accents politiques n'est d'ailleurs pas contesté par Arendt elle-même, qui écrit à propos du *Procès* : « à la parution du roman, on s'aperçut que le *Procès* contenait une critique implicite de la forme bureaucratique de gouvernement de la vieille Autriche dont les innombrables nationalités qui se combattaient entre elles étaient régies par une hiérarchie uniforme de fonctionnaires »[12].

La lecture arendtienne aborde donc la question de savoir si K. est coupable ou innocent, et par extension de savoir par là même si son procès est justifié ou non. Elle porte donc également sur le fait de savoir si Kafka conteste et critique, -ou constate. La lecture d'Arendt, ainsi que nombre d'inter-

---

[10] *Ibidem.,* p.100
[11] *Ibidem.,* p.101
[12] *Ibidem.*, p.102

prétations qui vont dans le même sens, tranchent évidemment en faveur de l'innocence de K., et prennent source dans les premières interprétations du *Procès*, notamment celle de Brecht, qui ne peut s'empêcher de faire de Kafka un visionnaire -pour ne pas dire un prophète- annonçant par son écriture ce que pouvait devenir l'autonomie absolue de l'appareil étatique.

S'inscrivant dans la veine arendtienne parmi de nombreux autres interprètes, Michaël Löwy admet que sa contribution se situe plutôt dans le courant ''socio-politique'', mais elle tente d'articuler les autres niveaux, grâce à un fil rouge qui permet de relier la révolte contre le père, la religion de la liberté (d'inspiration juive hétérodoxe) et la protestation (d'inspiration libertaire) contre le pouvoir meurtrier des appareils bureaucratiques : l'anti-autoritarisme[13] . Il souligne ainsi que « ce sont des lecteurs marxistes dissidents, tels Walter Benjamin, Bertolt Brecht, Theodor Adorno, Ernst Fischer, ou Karel Kosik qui ont été parmi les premiers à mettre la question de la domination au centre de la réflexion sur l'œuvre de Kafka. Peut-être parce que celle-ci n'était pas nécessairement incompatible avec le marxisme, ou plutôt avec certaines lectures hétérodoxes de la pensée marxienne… Pour Benjamin, la force critique de Kafka vient de ce qu'il écrit du point de vue du ''citoyen moderne qui se sait livré à un appareil bureaucratique impénétrable dont la fonction est contrôlée par des instances qui restent floues même à ses organes d'exécution, a fortiori pour ceux qu'il manipule'' (…) Karel Kosik perçoit lui aussi le monde kafkaïen comme un '' labyrinthe terrifiant et absurde '' où les êtres humains sont '' pris dans les réseaux de la machine bureaucratique, des appareils, des créations réifiées ''. Enfin, Adorno définit comme thème essentiel des œuvres de l'écrivain pragois la rationalité dominatrice, fondée sur

[13]Löwy M. *Franz Kafka, rêveur insoumis,* Paris, Stock, 2004, p.12

une violence aveugle qui se reproduit elle-même à l'infini, et dont la manifestation la plus moderne est le contrôle bureaucratique »[14].

M. Löwy tente ainsi d'examiner le *Procès* au regard de la supposée " sensibilité de paria-rebelle chez Kafka ", héritée d'Arendt. Selon lui, donner part à une telle hypothèse de lecture, c'est éviter l'écueil de ce qu'il appelle « les lectures conformistes du *Procès* »[15]. Quelle lecture propose t-il, qui ne soit pas " conformiste " ? « Le *Procès* s'attaque à la nature aliénée et oppressive de l'Etat moderne, y compris celui qui s'auto-désigne comme " Etat de droit " », écrit Löwy, soulignant que « ce qui constitue une des idées-forces du roman » est « l'écrasement de l'individu par des appareils d'Etat, au mépris de ses droits »[16]. En voulant préserver l'image que renvoie K., celle de l'innocent injustement condamné - « rien dans le roman ne laisse entendre que le pauvre Joseph K ait " terriblement offensé la loi " (laquelle ?), et encore moins qu'il méritait la peine de mort ! »[17], note Löwy- et en voulant également préserver l'idée que la trame du roman se situe dans le fait de souligner « la nature inhumaine et meurtrière des appareils institutionnels juridiques et étatiques »[18] l'auteur ne fait rien d'autre que lui produire à son tour une lecture conformiste de l'oeuvre kafkaïenne. Ainsi, lorsqu'il affirme que « la loi est pratiquement absente de ce " procès " », qu'elle est « quelque chose d'inconnu, d'impossible à connaître, voire d'inexistant »[19]- Löwy ne voit pas que la loi n'est absente que parce que l'accusé ne la fait pas sienne. La loi est "

---

[14]*Ibidem.*, p.78
[15]*Ibidem.*, p.84
[16] *Ibidem.*, p.88 et 89
[17] *Ibidem.*, p.86
[18] *Ibidem.*, p.87
[19] *Ibidem.*, p.95

quelque chose d'inconnu '' uniquement parce que K. ne la connaît pas, et mieux encore : ne veut pas la connaître ! -et parce que l'on suit le roman à travers son regard. Si la loi est '' impossible à connaître '', elle l'est pour Joseph K., ce qui ne signifie pas qu'elle est inexistante.

Aussi, si Löwy soutient que « Joseph K. mène son combat contre le tribunal en solitaire- c'est peut être une des causes de sa défaite »[20], nous dirons plutôt que, s'il y a défaite, c'est parce que Joseph K. ne mène aucun combat. Et toute sa faute est là.

Mais avant d'aller plus loin -et sans faire l'inventaire des différentes interprétations du *Procès*-, il faut tout de même rappeler la vague d'interprétations qui se situent dans le même sillage, à savoir les récupérations politiques de l'oeuvre kafkaïenne. Pascale Casanova en relève. Elle résume sa lecture de la manière suivante : « le *Procès* me paraît un texte emblématique du projet de critique sociale imaginé par Kafka, dans lequel il a travaillé sur les deux versants des mécanismes sociaux qui l'occupaient. Je propose de le considérer comme un récit double, qui met en scène d'une part la suspicion et la désignation antisémites, c'est-à-dire les mécanismes de croyance collective qui permettent le développement et la perpétuation de la conviction antisémite dans le monde social, et d'autre part, symétriquement, les effets que cette suspicion déniée produit chez ceux qui en sont les victimes. Dans cette hypothèse, le roman serait une sorte de mise en scène théâtrale de la situation (relativement banale et quotidienne dans le monde social où vit Kafka) de dénonciation et de soupçon antisémites du point de vue de la victime ».[21] Si ce type d'interprétation du Procès peut paraître insatisfaisant, c'est

---

[20] *Ibidem.*, p.96

[21]Casanova P., *Kafka en colère,* Paris, Seuil, coll. « Fiction & Cie », 2011, p.391

d'abord parce que cette lecture semble trop simple. Les lieux de justice, le tribunal et les bureaux, sont décrits par P. Casanova comme ‘’ sales et irrespirables ’’, ce dont il faudrait déduire que Kafka tente de faire éprouver à son lecteur du dégoût pour la justice du procès. Les juges sont méchants et élitistes, les avocats sont corrompus, et par conséquent le *Procès* est un roman à charge contre le tribunal. Cette interprétation est trop littérale. Mais elle est également décevante d'un autre point de vue : en voulant faire à tout prix de K. le représentant victimaire du juif persécuté par un système judiciaire antisémite, on ne voit pas que l'on peut lire le *Procès* de manière renversée : K. petit fonctionnaire insignifiant, est perdu dans un univers juif qu'il ne comprend pas, l'univers de la loi, fait de permissions et d'interdits, de transgressions et de punitions. Le droit auquel il a à faire pourrait très bien être le droit hébraïque, qui d'un point de vue extérieur, comme l'est celui de K., peut sembler absurde et incompréhensible à bien des égards.

Le droit hébraïque n'a suscité souvent, comme chez K., que du dégoût. En ce sens, ce seraient les descriptions de Joseph K. qui seraient teintées d'anti-judaïsme. Les juges qui se croient supérieurs et ‘’ élus ’’ croisent le préjugé antijudaïque portant sur la notion d'élection ; les avocats qui n'agissent que par intérêt et appât du gain, le préjugé concernant le rapport à l'argent ; la loi infranchissable et incompréhensible renverrait évidement à la loi divine et aux commandements juifs qui peuvent être taxés d'arbitraire et de sévérité ; les interminables et fourmilleuses études de la loi auxquelles on doit se livrer, l'application rigide et scrupuleuse de ses moindres principes, aussi absurdes soient-ils, et décrits comme tels par K., recoupent évidemment là aussi des lieux communs de l'antisémitisme. On pourrait en trouver encore beaucoup d'autres. Si donc on tient absolument à produire une lecture “ politique ” du roman, pourquoi le faire dans le sens où K. tiendrait le rôle de la victime harcelée par un univers antisémite qui s’est ligué contre lui ? Pourquoi ne pas le lire comme la fin méritée d’un petit employé de banque, empli de répugnance à l’idée de devoir côtoyer un monde juif dégoûtant et perverti, -monde incarné par des juges qui se réclament de la loi, comme le font les rabbins ? On peut aussi faire de K. -au regard du rapport ambigu qu'entretenait Kafka avec la tradition juive- un juif non pratiquant, qui ne verrait dans l’orthodoxie juridico-religieuse qu’un monde absurde et culpabilisant.

Si l’interprétation politique du *Procès* mérite d’être mentionnée, c’est qu’elle compte, bien sûr, et qu’elle a son importance mais c’est aussi parce que nous nous en éloignerons. Il existe en effet des éléments dans la biographie de Kafka qui laissent penser que l’auteur praguois se sentait concerné par les événements de son temps, et l’on peut légitimement -encore que les textes de Kafka lui-même à ce sujet soit relativement limités- interroger son rapport aux questions juives, au sionisme, au socialisme et à beaucoup d’autres choses encore. Nous pensons quant à nous que le *Procès* peut être lu indépendamment de tout élément historico-biographique, et que, si on tient à le rapprocher à tout prix du contexte socio-politique dans lequel il a été écrit, alors qu’on prenne la peine de ne pas le lire de manière univoque.

La plupart des lectures de l’œuvre, on l’a noté, font de K. une victime : victime d’un jugement hâtif, victime d'une justice incompétente, victime d’avocats corrompus, victime d’une bureaucratie autoritaire, victime d’une calomnie quelconque. Ces interprétations partent du principe selon lequel K. est innocent et que, par conséquent, son procès n’est qu’une farce injuste et un semblant de jugement. Elles n'approfondissent du coup ni la question de la nature de son accusation, ni de sa culpabilité. En quoi consiste la mise en accusation de K. ? De quoi est-il coupable, et aux yeux de qui ? Que lui reproche-t-on, et devant quelle loi ? Quelle est sa faute ? Quelle en est la signification ? Voilà des questions qui ne sont soulevées que si on prend au sérieux l'arrestation de K., en ne tranchant pas d'emblée en faveur de son innocence, ou du caractère apparemment injuste de son accusation.

La calomnie, qui est peut-être la principale raison du fait que Joseph K. soit soudainement arrêté, est d'ailleurs elle-même présentée comme une hypothèse non-vérifiée: « on avait sûrement calomnié Joseph K. »[22]. Pourquoi une telle supposition ? Si Joseph K. est bien arrêté ‘' sans avoir rien fait de mal '', on pouvait soit poser cette arrestation aussitôt comme une injustice flagrante, et se contenter de dire qu'il s'agit d'une arrestation sans raisons ni fondements; soit partir d'une autre supposition que la calomnie.

Giorgio Agamben, qui s'inspire pour une large part de l'analyse de Davide Stimili concernant la notion de calomnie dans les œuvres de Kafka[23], peut ainsi écrire que « dans les procès romains, où le ministère public avait un rôle limité, la calomnie représentait pour l'administration de la justice une menace tellement grave que les faux accusateurs devaient porter une marque sur le front comme punition : la lettre K (l'initiale de *Kalumniator*) (…) La lettre K, selon Stimili (…) n'est donc pas l'initiale de Kafka, selon une opinion commune qui remonte à Max Brod, mais celle de la calomnie »[24]. Cette interprétation interpelle Agamben. Comme il semble vouloir préserver l'innocence de Joseph

---

[22] Kafka, *Le Procès*, *op.cit.* p.23

[23]Stimilli D., *Fisionomia di Kafka*, Torino, B. Boringhieri, 2001

[24] Agamben, G. *Nudités*, Paris, Payot et Rivages, 2009, p.39

K. dans sa lecture du *Procès*, son analyse se heurte inévitablement à une contradiction : K. est arrêté à tort, -et pourtant il porte la marque de la culpabilité, de la calomnie. Agamben note ainsi que la calomnie « était perçue par les juristes romains comme un dévoiement (ils utilisaient le terme de *temeritas*, de *temere*, ‘’ en aveugle, au hasard ’’ terme étymologiquement apparenté aux ténèbres) de l’accusation »[25]. Cependant, il est à remarquer qu’Agamben ne trouve dans le *Procès*, pour étayer son propos, que peu de passages : « c’est de la même manière qu’il n’avait pas hésité, pendant sa conversation avec Mlle Bürstner, à lui suggérer de l’accuser faussement d’agression (il s’était donc, d’une certaine manière, auto-calomnié). Agamben, soutenant malgré tout que « quand bien même l’homme serait toujours innocent, quand bien même aucun homme en général ne pourrait être dit coupable, l’autocalomnie resterait toujours comme péché originel, l’accusation sans fondement que l’homme formule contre lui-même »[26]. Le dévoiement de K. aurait donc consisté en une auto-calomnie, et « K (tout un chacun) s’autocalomnie pour échapper à la loi, à l’accusation qu’elle semble immanquablement lui adresser et à laquelle il est impossible de se soustraire »[27]. L’autocalomnie aurait pour pouvoir de « désactiver » l’accusation, dans la mesure où l’accusé et l’accusateur coïncideraient, rendant alors impossible « l’implication de l’homme dans le droit »[28]. « Le seul moyen d’affirmer son innocence face à la loi, est, en ce sens, de s’accuser à tort »[29].

---

[25] *Ibidem.*, p.41
[26] *Ibidem.*, p.42
[27] *Ibidem.*, p.49
[28] *Ibidem.*, p.41
[29] *Ibidem.*, p.41

Cependant, deux questions demeurent. Premièrement, en quoi le fait que l'accusé et l'accusateur coïncident remettrait en question l'implication du sujet dans le droit ? Deuxièmement, Agamben ne confond-il pas le fait d'être innocent avec le fait d'être dés-impliqué du droit ? Celui qui s'accuse à tort pourrait au mieux montrer un vide juridique, un dysfonctionnement du droit, mais ce n'est pas pour cette raison qu'il serait désimpliqué du droit, et encore moins qu'il pourrait prouver son innocence. Il ne ferait que prouver qu'il existe une insuffisance de la loi à ce sujet.

Afin de comprendre en quoi l'interprétation agambenienne peut constituer une aporie, ou pour le dire autrement, pour comprendre en quoi l'auto-calomnie ne constitue pas une raison suffisante à l'exécution de la peine capitale, il semble nécessaire de se pencher du côté du droit hébraïque.

La loi à laquelle se réfère Agamben dans son interprétation au sujet de la calomnie dans le *Procès* est la loi romaine Remmia qui prévoyait, dès 320 de l'ère commune, la punition du Talion pour celui qui avait commis un faux-témoignage : la peine que risquait l'accusateur était la même que celle dont l'accusé aurait pâti si son procès avait été justifié. La peine prévue pour l'innocent accusé à tort et calomnié était retournée et appliquée à l'accusateur. La loi Remmia voulut par la suite qu'on imprima la lettre « K » au front du coupable de calomnie, jurisprudence abrogée par l'Empereur Constantin. Toutefois, contrairement aux procédures du droit hébraïque, la victime d'un faux-témoignage dans le droit romain pouvait engager une procédure de droit privé si elle avait subi, à la suite de calomnie portée à son encontre, des dommages effectifs. Cette plainte ne pouvait exister, en toute logique, qu'après exécution de la sentence.

Or, dans le droit hébraïque, il n'y a pas de sanction pour faux-témoignage après exécution de la sentence.

Le cas de la calomnie entre dans la section plus générale des faux-témoignages, dont l'origine se trouve dans le Deutéronome (*Devarim*), 19, 16-21 : « Si un faux témoin se dresse contre un homme, proférant une accusation erronée, les deux hommes qui seront ainsi en procès se tiendront devant le Seigneur, devant les prêtres et les juges qui sont en fonction à cette époque. Les juges feront alors une sérieuse enquête, et voici : ce témoin est un faux-témoin, il a fait une déposition mensongère envers son prochain. Vous le traiterez comme il a eu l'intention (*kaachèr zamam*) de traiter son frère, et tu feras disparaître le mal du milieu de toi. Les autres l'apprendront et seront intimidés, et l'on n'osera plus commettre une si mauvaise action chez toi. Ne laisse donc point s'attendrir ton regard : vie pour vie, œil pour œil, dent pour dent, main pour main, pied pour pied ! »[30]. Nous remarquons immédiatement, dans ce passage, la formulation ‘’ vie pour vie, œil pour œil ‘’ , qui se réfère à la loi du talion, qui se trouve au chapitre XXI de l'Exode, versets 22 à 27 :

« Si, des hommes ayant une rixe, l'un d'eux heurte une femme enceinte et la fait avorter sans autre malheur, il sera condamné à l'amende que lui fera infliger l'époux de cette femme, et il la paiera à dire d'experts. Mais si un malheur s'en suit, tu feras payer corps pour corps, oeil pour oeil, dent pour dent, main pour main, pied pour pied, brûlure pour brûlure, plaie pour plaie, contusion pour contusion. Si un homme blesse l'oeil de son esclave ou de sa servante de manière à lui en ôter l'usage, il le renverra libre à cause de son oeil, et s'il fait tomber une dent à son esclave ou à sa servante, il lui rendra la liberté à cause de sa dent ».

---

[30] Deutéronome, 19, 16-21, *parachat choftim.*

A priori, la règle du talion semble signifier que quiconque a infligé un dommage à autrui doit subir le même dommage.

Mais il faut souligner ici un point important concernant la *lex talionis*, la loi du talion, trop souvent comprise comme l'action de rendre la pareille, c'est-à-dire d'établir une compensation entre le même et le même. En réalité le seul cas où le talion pouvait être appliqué à la lettre était le meurtre passible de peine de mort, car la perte de la vie était le seul cas où la vengeance devait être de même nature que le crime. Cependant, le talion permet d'opérer une transition entre la conception vengeresse de la rédemption, et la conception spirituelle de la rédemption : en déplaçant la violence, il la répète certes, mais au sein d'une différence établie entre le préjudice et sa restitution. Citons le passage 83b du traité talmudique *Baba Qama*.

« R. Dostaï, fils de Yehouda : '' oeil à la place d'oeil '' c'est de la compensation pécuniaire. Tu dis argent, n'est-ce pas l'oeil lui-même ? Mais que dirais-tu si l'oeil de celui-ci était grand et l'œil de celui-ci était petit, comment appliquerais-je le principe de '' l'oeil à la place d'oeil '' ? Si tu me réponds : dans tel cas on lui prend de l'argent. La Torah ne dit-elle pas '' il y aura une seule loi pour vous tous '' ». Le verset du talion ne peut être appliqué à la lettre car, comment savoir si la perte d'un oeil chez un sujet a causé les mêmes conséquences que chez un autre ? C'est pourquoi la Loi orale interprète le texte comme une allusion au principe de compensation financière.

La loi du talion préconise en effet une forme de vengeance mesurée, de réciprocité calculée au sein du préjudice, car on considère qu'un préjudice injuste partagé, entre la victime et le responsable, s'approche davantage de la justice. La règle du talion prévoit alors un remboursement matériel du préjudice subi, une scrupuleuse évaluation financière du dommage commis : précisément pour éviter de remplacer littéralement l'œil par un autre œil.

Le passage biblique prévoyant l'application de la loi du talion sera discuté dans le Talmud, notamment dans la Michna du Traité *Makot* (5b), où il est question du moment à partir duquel la sanction pour faux-témoignage est applicable. Et, après controverse, il apparaît que l'on peut condamner à mort un faux-témoin uniquement tant que " l'accusé " est toujours en vie. Mais une fois " l'accusé " tué par le Tribunal, même s'il s'avère qu'il a été exécuté à cause d'un témoignage calomnieux, il n'est plus possible de condamner les faux-témoins (*édim zomémim*). Une fois la sentence exécutée, la réparation (*tikkoun*) n'est plus possible, et rien ne sert de mettre à mort les faux-témoins. Il est simplement trop tard. Cette conclusion, bien qu'elle puisse sembler paradoxale ou étrange, se fonde selon le Talmud sur le principe *éin onechine mine hadine*, le fait qu'on ne punit jamais, dans le droit hébraïque, à partir d'un *qal va h'omer*, un raisonnement a fortiori.[31]

Ainsi, tant que la sentence du Tribunal n'est pas encore prononcée, il est encore temps d'innocenter l'innocent et de condamner le coupable, de rendre la justice : la réparation est encore possible. Mais une fois le faux-témoignage devenu effectif, c'est-à-dire une fois que le Tribunal prononce sa sentence à l'encontre de celui qui est accusé- et ce, même s'il l'est à tort, il n'est plus temps de rendre la justice et la réparation devient impossible. Une fois un innocent condamné, la faute du faux-témoin est au-delà de toute punition

---

[31]Talmud, Traité *Makot*, 5b, Micha et Guemara. Pour une analyse détaillée de cette question talmudique, on peut se référer à l'ouvrage d'Abraham Weingort, *Leçons de droit hébraïque,* Saint Maur des fossés, Etz Haïm, 2000, p.65 et suivantes.

possible : le faux-témoignage se rapproche ainsi de la falsification de la justice elle-même.

Pour le droit hébraïque, les faux-témoignages semblent ainsi porter atteinte non seulement au prochain qui se trouve accusé à tort, mais également jusqu'aux principes divins qui visent, depuis la Création, à établir des distinctions, différenciations et séparations par l'usage de la parole : les mots ont une valeur effective, ils séparent le jour de la nuit, les ténèbres de la lumière, les différentes espèces animales entre elles, le permis de l'interdit, le sixième jour du septième, le peuple d'Israël des autres nations. La parole met en ordre par distinctions. Le principe du faux-témoignage est au contraire d'altérer cette fonction langagière en opérant un retour au chaos ('' *tohu vavohu* '') [32]. Le droit hébraïque se caractérisera donc, au vu de l'importance de la parole du témoin, par le fait que ce dernier n'est pas considéré comme se constituant pour une partie mais comme ayant part au jugement -quasiment au même titre que les juges. Ainsi, pour exemple, les règles de disqualification du témoin seront les mêmes que celles d'un juge. De même, les témoins ne prêtent pas serment, ce qui serait tout aussi inconvenant que de demander à un juge de jurer avant d'exercer sa fonction. Les témoins prolongent donc la constitution du Tribunal.

Au regard de ces analyses, puisque le faux-témoignage n'est punissable que si l'accusé n'est pas condamné, il est contradictoire de penser que K. s'est lui-même infligé un

[32] Genèse I, 2. Abraham Weingort ira même plus loin: « en outre, le faux témoignage coupe l'herbe sous les pieds du peuple hébreu, le peuple témoin, témoin de la Création par l'expérience miraculeuse de la sortie d'Egypte, et témoin de la Parole. Lorsqu'un hébreu porte un faux-témoignage, il altère la ''carte d'identité'' de son peuple », *Leçons de droit hébraïque*, Saint Maur des fossés, Etz Haïm, 2000. p.92

faux-témoignage, et ce jusqu'à être mis en arrestation, et qu'il ait pu être puni pour cette même calomnie. Soit il s'est calomnié mais n'est pas condamné à tort par le Tribunal (ce qui n'est pas le cas dans le *Procès*, qui est le récit même de cette condamnation) ; soit il s'est calomnié jusqu'à ce que le Tribunal l'arrête et l'exécute- mais dans ce cas, au vu des règles appliquées pour faux-témoignage, il ne plus être puni pour sa propre calomnie, puisque le verdict a déjà été rendu.

Et puisque dans le droit hébraïque, après l'exécution de la sentence contre l'accusé, il n'y a précisément pas de sanction pour le faux-témoignage, ce cas serait même contradictoire en lui-même. Si K. s'était auto-calomnié jusqu'à être condamné par le Tribunal, il serait à la fois exécuté en tant qu'innocent calomnié à tort, et à la fois laissé libre par ce même Tribunal en tant que faux-témoin. Il serait donc à la fois innocent condamné et coupable libéré, et par la même procédure, à la fois exécuté et laissé en vie.

Le cas de l'auto-calomnie est donc soit aporétique soit contradictoire, et cela outre le fait qu'il est impossible juridiquement de porter un témoignage calomnieux contre soi-même. L'hypothèse d'Agamben selon laquelle K. s'est auto-calomnié ne tient donc pas au regard du droit hébraïque.

Or, si la calomnie n'est pas la raison de l'arrestation de Joseph K., en quoi consiste sa culpabilité ? Comment comprendre le fait que K. soit soudainement mis en arrestation ? Considérer cette arrestation d'emblée comme absurde, nous l'avons dit, non seulement ne rend pas compte de certains aspects du *Procès*, mais arrête également la lecture sur une interprétation orientée et littérale, faisant de K.

l'exemple typique de la victime du système bureaucratique et judiciaire.

Qu'il nous soit permis de proposer une autre lecture : il semblerait que l'injustice dans le *Procès* ne soit pas de condamner un innocent -l'innocence n'existe pas dans le *Procès*- mais de condamner un coupable à une peine qui n'est pas à la hauteur de son crime.

« Sans se soucier de la justice », nouvelle interprétation

Certains pourraient objecter, pour soutenir l'innocence de K., qu'il est innocent tout en ignorant lui-même qu'il l'est, et cette ignorance en serait l'attestation la plus propre. Cette idée reprendrait alors une affirmation bien connue, qui veut que " la véritable beauté est celle qui s'ignore ", thèse applicable à toutes sortes de vertus. " La véritable innocence est celle qui s'ignore ". Serait-ce le cas de K. ? Si oui, il y aurait trois façons de contester cette affirmation.

Premièrement, on pourrait opérer un retournement. Si K. est innocent tout en ignorant qu'il l'est, c'est-à-dire s'il est véritablement innocent, alors là est sa faute car, selon la logique du *Procès,* la véritable innocence se dit, se montre, et se défend. Une innocence qui s'ignore elle-même s'autodétruirait. En ce cas, K. serait coupable de cette ignorance. L'ignorance de l'innocence constitue la faute. Paradoxalement, K. serait coupable de ne pas savoir qu'il est innocent.

Deuxièmement, on pourrait réfuter la proposition. L'innocence peut être feinte. Un coupable qui joue l'innocence peut ainsi paraître plus innocent que le véritable innocent lui-même. La notion de jeu est ici importante. On peut jouer à être brave, vertueux, ou innocent. Or pour jouer, il faut bien connaître les règles du jeu : le jeu nécessite du savoir et de la maîtrise. Mais pour jouer, il faut aussi savoir cacher son savoir, et feindre l'ignorance. Le fait que la feinte puisse être efficace contredit alors la thèse selon laquelle l'ignorance de telle ou telle vertu fait de cette même vertu une vertu véritable. K. pourrait ainsi apparaître d'autant plus innocent qu'il feint d'être ignorant. Mais cela fait bien de lui un coupable. K. serait coupable de feindre l'innocence.

Enfin, on pourrait s'attacher au présupposé même de la thèse selon laquelle " la véritable vertu est celle qui s'ignore ". Pourquoi y aurait-il quoi que ce soit de " véritable " ? Jusque-là, la thèse laissait place à un dualisme. On peut ignorer être une chose, et paraître le contraire. On peut être une chose, tout en l'ignorant. On peut être une chose, tout en feignant de ne pas l'être. On peut être une chose, tout en feignant d'ignorer ne pas l'être. On peut être une chose, feindre de ne pas l'être, afin de paraître véritablement l'être, et en cela précisément, ne pas l'être. On peut être une chose, tout en feignant d'ignorer qu'on feint. Et caetera. Or, s'il n'y a pas une distinction entre l'être et le paraître, mais si finalement l'être se réduisait au paraître, alors il n'y aurait que du jeu. Et, à notre sens, tel est l'univers du *Procès*. Aussi, si K. semble coupable, c'est qu'il l'est.

La question n'est donc pas celle de l'innocence ou de la culpabilité, mais celle de la faute et de sa peine, ou pour parler à la manière de Dostoïevski, du crime et de son châtiment. C'est pourquoi K. ne peut être innocent, sauf à interroger le roman en posant des questions inadéquates, ou à apporter des réponses à des questions que le *Procès* ne soulève pas. Joseph K. est arrêté, il est donc coupable de quelque chose, de fait; et discuter sa culpabilité ou soutenir son innocence revient à ne pas prendre au sérieux son arrestation, et à contester le début du roman lui-même, lequel nous plonge d'emblée dans un univers où l'innocence est absente, où elle n'existe simplement pas; et refuser ce fait, c'est refuser d'entrer dans l'univers kafkaïen du *Procès.* Argumenter en faveur de l'innocence de K. revient à discuter de la culpabilité de la génération de Noé, qui périt dans le déluge. On peut discuter à l'infini sur le fait de savoir si le déluge était réellement justifié, il n'en demeure pas moins que la génération périt, de la même façon que K. est arrêté, déclaré coupable et finalement condamné ; on peut discuter des causes, mais on ne peut nier les faits. Kafka, lui, se contente de narrer les faits, il ne discute pas des causes : on ne connaît pas la raison de l'arrestation de K., mais parce qu'on ne connaît pas la raison, doit-on nécessairement en conclure que c'est une mauvaise raison ?

Soutenir que la problématique du roman est celle d'un innocent aux prises avec un procès injustifié, autrement dit, que l'injustice en est le centre, est une fausse question, une crampe mentale, dirait Wittgenstein. La problématique que construit le roman n'est pas celle de l'injustice, mais celle du rapport qu'entretient l'accusé avec la loi.

En ce sens, K. est non seulement accusé, mais aussi coupable. Coupable de ne pas avoir vu que le procès était la seule manière de franchir les « Portes de la Loi » comme le dit l'Apologue. Le procès était pour lui le moyen d'accéder à la loi, de se sentir personnellement concerné par une loi devenue apparemment incompréhensible. La faute de K. est de n'avoir pas pris au sérieux sa procédure. Il n'essaie pas de comprendre mais nie tout, part avec Léni, s'absente pendant que l'avocat traite de son cas, se soucie de Mlle Bürstner le matin même où il est accusé, crie son innocence mais ne voit pas l'enjeu de sa culpabilité. K. lui-même admet ne pas accorder beaucoup de sérieux à son procès : « l'affaire ne saurait avoir non plus beaucoup d'importance »[33].

Ceci est également résumé par le gardien lui-même, qui affirme au sujet de K. au début du roman: « tu vois ça, il reconnaît qu'il ignore la loi, et il affirme en même temps qu'il n'est pas coupable ! »[34]. K. l'admet d'ailleurs: « je ne connais pas cette loi ». « -vous vous en mordrez les doigts »[35], lui répond t-on alors. Joseph K. considère que la loi par laquelle il est mis en accusation n'existe « que dans la tête »[36] des gardiens qui viennent lui signaler son arrestation. Il « vaut mieux ne pas réfléchir au bien ou au mal-fondé de votre procédé, dit-il aux hommes de loi, et de mettre gentiment fin à cette histoire en nous serrant réciproquement la main »[37]. Kafka note alors au sujet de Joseph K. : « il jouait avec eux »[38]. Même sa logeuse, Mme Grubach, essaie de lui faire comprendre et l'importance, et le bien-fondé de la procédure à laquelle il se trouve désormais soumis : « votre arrestation, dit-elle, elle me fait l'impression de quelque chose de savant ». K. rétorque : « ce n'est pas seulement quelque chose de savant, c'est un néant ridicule »[39]. Il n'accorde aucun sérieux à sa procédure et ne se considère concerné par aucune accusation. S'estimant irréprochable, sa mise en accusation ne produit chez lui aucune interrogation morale, aucun retour de conscience. Son procès n'est forcément qu'une mauvaise plaisanterie : « je le déduis, dit-il,

---

[33] Kafka, *Le Procès*, *op.cit.*, p.34
[34] *Ibidem.*, p.30
[35] *Ibidem.*, p.30
[36] *Ibidem.*, p.30
[37] *Ibidem.*, p.38
[38] *Ibidem.*, p.40
[39] *Ibidem.*, p.45

du fait que je suis accusé sans pouvoir arriver à trouver la moindre faute qu'on puisse me reprocher »[40].

Or, dans le *Procès*, c'est parce que l'on est accusé qu'on a l'occasion de répondre. Et comment répondre à une accusation portée contre soi si on ne se sent pas déjà directement interpellé par cette accusation, si on ne connaît ni ne reconnaît la loi au nom de laquelle procès est intenté ? Répondre à une accusation suppose alors deux choses que K. manquera : connaître la loi selon laquelle il apparaît comme étant en faute, et reconnaître comme légitime son application. Telle est la faute de K., littéralement, son ‘’ manquement ‘’. Face à la mort, il le reconnaît enfin: « Y avait-il encore un recours ? Existait-il des objections qu'on n'avait pas encore soulevées ? Certainement »[41].

C'est en ce sens qu'il faut entendre les derniers mots du *Procès* lors de l'exécution de Joseph K.: « comme un chien ! dit-il. C'était comme si la honte dut lui survivre »[42]. De quelle honte s'agit-il ? Non de celle de mourir comme un chien, mais de celle d'avoir vécu honteusement, honte de s'être laissé faire, honte d'avoir vécu dans une servilité qui fait accepter volontiers si ce n'est volontairement son sort sans comprendre, sans débattre ni se débattre. Honte aussi de n'avoir pas étudié la loi, de ne pas s'être battu avec le texte de loi, seule possibilité pour K. de se défendre.

K. exprime lui-même ce regret, ce manquement à l'étude, par ses dernières pensées : « dois-je montrer maintenant que n'ai rien appris au cours d'une année de procès ? Dois-je

---

[40] *Ibidem.*, p.35
[41] *Ibidem.*, p.279
[42] *Ibidem.*, p.280

partir comme un imbécile qui n'a jamais rien pu comprendre ? Dois-je laisser dire de moi qu'au début du procès je voulais le finir, et qu'à la fin je ne voulais que le recommencer ? »[43].

Tel est le sens de l'affirmation de l'Abbé selon laquelle « la justice ne veut rien de toi. Elle te prend si tu viens, te laisse quand tu t'en vas »[44]. En effet, c'est à K. de vouloir la justice, non l'inverse. Il ne se bat pas. Le fait que la justice « te prend si tu viens » signifie alors: si tu viens, *à condition que ce soit toi qui viennes*. L'Abbé dit cela au sujet de l'homme de l'Apologue, qui ne franchit pas les portes de la loi, mais on peut l'affirmer tout autant de K. lui-même.

C'est dans cette perspective que nous entendons donc la dernière phrase du roman à propos de la honte « qui survit » à Joseph K. Elle signifie pour Arendt que « non seulement il perdit son procès, mais encore il le perdit de façon honteuse, de telle sorte qu'il n'eut finalement plus rien à opposer à l'exécution capitale que sa honte »[45]. Perdre son procès de façon honteuse signifiera pour nous : sans l'avoir compris, aussi bien au sens d'une appréhension intellectuelle qu'au sens de ‘' pris avec ‘', assumé. Nous contesterons tout autant de l'interprétation de M. Löwy, selon laquelle « l'ultime phrase du roman est un commentaire (…) Quelle honte ? Sans doute celle de mourir ‘' comme un chien '' »[46]. La honte évoquée ici ne porte pas sur la mort de K., contrairement à ce qu'avance ce propos, mais sur sa vie; elle ne porte pas sur le fait d'être abattu en tant qu'innocent, mais sur le fait d'avoir vécu comme un coupable.

---

[43] *Ibidem.*, p.276

[44] *Ibidem.*, p.273

[45] Arendt H., *La tradition cachée, le juif comme paria, op.cit.*, p.100

[46] Löwy M., *Franz Kafka, rêveur insoumis, op.cit.*, p.98

L'étude de la loi passe par l'examen minutieux des détails des règles juridiques énoncées dans les Textes. La faute de K. consiste précisément dans le fait de récuser cette étude en arguant que son procès n'est qu'une plaisanterie qui ne mérite aucun sérieux. Son attitude est celle d'un accusé qui nie son accusation, alors que son mérite, voire sa rédemption, aurait consisté à mettre à profit sa procédure pour étudier la loi, ses détails, et ses applications. Les recoins du procès sont des arcanes dont celui qui est accusé peut pénétrer les secrets, parce qu'il se trouve, de par son accusation, au cœur même de la procédure judiciaire. La question que soulève le *Procès* est la suivante : dans quelles dispositions doit-on arriver devant les « Portes de la Loi » ? Avec des méditations sur le bien et le mal, ou bien avec des considérations portant sur le permis et l'interdit ? La réponse est évidente, car la problématique du *Procès* est profondément juridique, avant d'être éthique. Elle traite non pas de la faute ou de sa cause, mais de la peine appliquée, et de la manière dont cette dernière doit être comprise.

Benjamin, lorsqu'il écrit sur Kafka pour la *Jüdische Rundschau* en 1934, a une intuition qui rejoint la nôtre sur la légèreté de K., mais il ne la développe pas. Il ne fait que noter que « le zélé Chouvalkine, qui prend tout tellement à la légère et se retrouve finalement les mains vides, est le K. de Kafka »[47]. Plus loin, Benjamin affirme encore : « … on ne peut pourtant conclure que l'accusation est un péché parce qu'elle est fausse. Nulle part on ne dit qu'elle est portée à tort »[48].

Pour se convaincre que la faute de K. est de n'avoir pas pris au sérieux son procès, on peut simplement se référer au chapitre inachevé intitulé « Elsa », où K. est appelé à se rendre

---

[47] Benjamin, W., *Oeuvres* II, *op.cit.*, p.412
[48] *Ibidem.*, p.415

au Tribunal un beau jour, sur-le-champ. « Or, écrit Kafka, K. avait promis à Elsa de lui rendre visite ce soir-là, et, ne fut-ce que pour cette raison, il ne pouvait pas se rendre au tribunal. Il fut heureux de pouvoir se justifier ainsi de ne pas y aller, encore que cette justification ne dût jamais trouver son emploi, et qu'il se fût sans doute également abstenu de se rendre au tribunal même s'il n'avait pas eu la moindre obligation »[49]. Kafka conclut le chapitre ainsi : « il se rendit chez Elsa sans hésitation (…) Sans se soucier de la justice, il se rendait où il voulait »[50].

[49] Kafka, *Le Procès*, (chapitres inachevés), *op.cit.*, p.288
[50] *Ibidem.*, p.288

Chapitre II: L'Absurde

C'est sur la justice que tu te méprends[51].

-Etrangeté et légèreté

Une des définitions de l'adjectif " kafkaïen " est, comme le remarque M. Löwy, celle désignant une « situation mystérieuse, inquiétante (*unheimlich*) et menaçante »[52]. L'adjectif décrirait « un éventail d'expériences qui va de l'absurdité ridicule dans le fonctionnement quotidien des institutions bureaucratiques jusqu'aux manifestations les plus meurtrières du pouvoir " administratif " »[53] . Nous nous demanderons quant à nous si le sentiment d'absurde et d'angoisse cauchemardesque ne tient pas tout autant au fait qu'on voit le déroulement du procès de K. à travers les yeux du personnage, qui n'y comprend strictement rien.

Si le *Procès* semble absurde, c'est parce que K. n'entre jamais au cœur de sa procédure, il la voit " de loin " pour ainsi dire, et ne se sent pas concerné. K. ne veut avoir à ne répondre de rien. Or, être en situation de " répondre-de " est la seule occasion donnée à l'homme d'entrer par les portes qui ne sont destinées qu'à lui seul. Il faut d'abord accepter d'être accusé pour pouvoir prouver que l'on n'est pas coupable. Or, K. reste au degré du simple sentiment ("

---

[51]Kafka, *Le Procès*, *op.cit.*, p.263
[52] Löwy. M., *Franz Kafka, rêveur insoumis*, *op.cit.*, p.162
[53]*Ibidem.*, p.162

je me sens coupable "), mais n'arrive pas encore au concernement personnel (" je suis accusé "). Il suffit de relire les affirmations de K. tout au long du procès pour s'en persuader. Lors de la rencontre avec son avocat, il est dit de K. : « K. pensait ne pas comprendre un mot de tous ces discours (…) Aussi dit-il : « Je ne comprends pas » (…) Et l'oncle déclara à K. : « tu questionnes comme un enfant »[54]. Aussi, K., incapable de suivre les discussions juridiques de l'oncle et de son avocat, se retire pour retrouver Léni, l'infirmière de l'avocat. K. lui déclare alors, au sujet de son procès : « j'y pense trop peu »[55], et il demande de l'aide à la jeune femme qui semble « bien connaître la justice »[56]. Elle lui lance alors : « vous ne tenez pas du tout à ce que je vous aide, vous vous en moquez complètement »[57].

Le chapitre s'achève alors que K. subit une remontrance de la part de son oncle, pour les avoir laissé, lui, l'avocat et un chef de bureau, débattre de son propre procès. Ce passage est peut-être le plus explicite et le plus significatif concernant la faute de K. dans le *Procès* : « comment, s'écria-t-il, as-tu pu faire cela ? Tu as porté le pire tort à ton affaire qui était justement en bon chemin ! Tu vas te cacher avec une petite saleté, qui est visiblement, pour comble, la maîtresse de l'avocat, et tu passes des heures sans revenir, tu ne cherches même pas un prétexte, tu ne caches rien, tu voles la rejoindre et tu restes près d'elle ! Et tu nous plantes là (…) l'oncle qui s'éreinte pour toi, l'avocat qu'il te faut gagner (…) Nous cherchons à trouver un moyen de t'aider (…) et devant tant de difficultés ton devoir serait tout au moins de me soutenir tant que tu pourrais ! Mais non, tu

[54] Kafka, *Le Procès*, *op.cit.*, p.138
[55] *Ibidem.*, p.144
[56] *Ibidem.*, p.145
[57] *Ibidem.*, p.145

restes dehors ! (…) Nous sommes restés un quart d'heure à ne rien dire et à écouter pour savoir si tu n'allais pas revenir. En vain »[58].

Ce passage est très clair concernant la faute de K. telle qu'elle se constitue dans son rapport à l'accusation qui le vise. Il éclaire également une de ses conséquences : puisque K. ne prend ni ne comprend son accusation, son procès ne peut apparaître qu'absurde, et la justice qui le dirige que mystérieuse. Durant cet épisode, par exemple, on n'a aucune idée de l'avancement de son procès ou du fonctionnement judiciaire dont il était question dans les discussions tenues entre l'avocat et l'oncle de K. puisque K. lui-même s'est absenté pour faire la cour à la jeune infirmière Léni.

Le sentiment d'absurde naît donc du fait que K. reste étranger à sa propre situation d'accusé.

Mais que signifie le fait de rester étranger à sa propre situation ? Afin de mieux comprendre le sens de la faute de K., il est peut-être nécessaire d'interroger le fait pour un sujet de se sentir directement concerné par l'interpellation de la loi. Althusser peut nous y aider. Il nous fournit un exemple parlant : « il y a des individus qui se promènent ; quelque part (en général dans leur dos) retentit l'interpellation " Hé, vous là-bas ! "; un individu (à 90% c'est toujours celui qui est visé) se retourne, croyant-soupçonnant-sachant que " c'est bien lui " qui est visé par l'interpellation, (…) et par cette simple conversion physique à 180 degrés, il devient sujet ; pourquoi ? Parce qu'il a reconnu que l'interpellation s'adressait " bien " à lui, et que c'était bien lui qui était interpellé (et pas un autre), l'expérience montre que (…) l'interpellation ne rate pratiquement jamais son homme

[58] *Ibidem.*, p.148

: appel verbal, ou coup de sifflet, l'interpellé reconnaît toujours que c'était bien'' lui '' qu'on interpellait »[59]. Althusser tire de cet exemple la thèse de la production de l'être-sujet par l'interpellation assujettissante de la loi : les sujets sont constitués par l'interpellation par la loi (judiciaire, chrétienne, policière, scolaire, etc…). K., en refusant l'interpellation de la loi, ne se constitue pas comme sujet. Il n'a pas encore entamé le processus qui fait de lui un sujet. C'est aussi pourquoi son procès semble absurde : on n'y juge pas un sujet ! Et K. est bien interpellé à de nombreuses reprises dans le roman, par exemple dans la cathédrale : « il était sur le point de quitter la zone des bancs et approchait déjà de l'espace libre qui le séparait de la sortie quand il entendit pour la première fois la voix du prêtre. C'était une voix puissante et cultivée. Comme elle résonna dans l'église, toute prête à la recevoir ! Mais ce n'étaient pas les fidèles que l'ecclésiastique appelait ainsi, il n'y avait pas à s'y tromper ni à chercher d'échappatoires ; il venait d'appeler : Joseph K . »[60]. Kafka décrit alors l'attitude de K. : « K. s'arrêta net, les yeux au sol. Provisoirement, il était encore libre, il pouvait encore avancer et s'échapper par l'une des trois petites portes ténébreuses qu'il découvrait à quelques pas de lui. Cela signifierait qu'il n'avait pas compris ou tout du moins que, s'il avait compris, il ne se souciait pas de ce qu'on lui disait. Tandis que s'il se retournait, c'était fini, il était pris, il avouait qu'il avait bien compris, qu'il était bien celui qu'on appelait et qu'il était prêt à obéir »[61].

Explorant les raisons qui peuvent faire que les sujets, constitués ou non par l'interpellation, s'y reconnaissent et y ré-

---

[59]Althusser L., *Sur la reproduction*, « Actuel Marx Confrontation », Paris, Puf, 1995, p.226
[60] Kafka, *Le Procès*, *op.cit.*, p.258
[61]*Ibidem.*, p.259

pondent, et qui permettent de comprendre pourquoi l'interpellation fonctionne, Althusser évoque une hypothèse sur laquelle il ne s'arrête pas longtemps : le fait que tout le monde ait quelque chose à se reprocher, hypothèse que l'on peut expliciter de la manière suivante : « reste à savoir de quoi les individus peuvent bien être coupables, et quelle peut bien être la faute qu'ils ont à se reprocher pour se sentir si immédiatement visés par l'appel de la Loi dans leur dos qu'ils se retournent à tous les coups »[62]. « Quelle peut bien être la faute ? » : la question est celle du début du *Procès*. Mais très vite, et nous l'avions vu à propos de Joseph K., on peut noter que l'interpellation est d'emblée « une accusation et une mise en faute. Autrement dit, celui qui se retourne à l'interpellation n'est pas seulement transformé en sujet, il l'est en étant en même temps transformé en coupable, en responsable d'une faute quelconque »[63]. Si ces mots peuvent aussi bien s'appliquer au *Procès*, c'est parce que c'est exactement ce qui arrive à Joseph K. Mais lui ne se retourne pas.

K. est bien coupable. Mais il n'est pas coupable d'un crime qui précèderait son arrestation ; il est coupable d'une faute qui accompagne son procès. Cette faute, c'est son refus de prendre au sérieux sa procédure, sa constante légèreté, son mépris pour la justice, et surtout, son irresponsable paresse lorsqu'il s'agit d'assumer sa propre défense. On pourrait nous objecter que le droit doit punir un crime ou un délit, mais non pas une faute. Nous utilisons quant à nous, dans notre lecture du *Procès*, le droit hébraïque, qui prévoit également la possibilité de punir une faute, un manquement, ‘’ *rhet* ‘’, comme on dit en hébreu, un péché. Le droit hébraïque se situe à la frontière du juridique et du religieux.

---

[62]Fischbach F., *Sans Objet, capitalisme, subjectivité, aliénation*, Paris, Librairie philosophique J. Vrin, 2009, p.217
[63] *Ibidem*., p.219

La loi dont il s'agit est une loi juridico-religieuse, le tribunal également. *Le Procès*, à cet égard, peut être lu comme se situant sur la même frontière. La loi à laquelle K. a à faire est aussi la loi religieuse, mais il ne le comprend pas. Lorsqu'il affirme « je suis arrêté sans avoir rien fait de mal », il pense à une transgression purement pénale, à un crime passible juridiquement d'une peine quelconque. C'est oublier le fait que l'individu peut avoir à faire à une loi qui excède le juridique. Le tribunal, dans le *Procès*, peut être vu à la fois comme un tribunal pénal et comme un tribunal religieux -c'est sans doute le sens de l'Apologue- et la faute de K. est de se moquer de l'un comme de l'autre.

-La règle

La règle ne contraint pas, elle oriente. Il y a une liberté par rapport à la règle, comme un poteau indicateur, que l'on reste libre de suivre ou non, selon l'image wittgensteinienne. La règle ne détermine pas mécaniquement son application, c'est pourquoi l'homme de l'Apologue reste libre de ne pas franchir les portes, de même que K. reste libre de ne pas entrer dans sa procédure judiciaire, bien que les règles lui prescrivent de le faire.

Mais existe t-il une différence entre règle et loi, et si oui, comment l'effectuer sinon en se rapportant à la manière dont le droit lui-même opère cette distinction ? La loi, spécifiquement dans la plupart des systèmes juridiques démocratiques occidentaux, s'entend comme un ensemble de principes, décidés et votés par des représentants, dont l'application est orientée par des règles. La règle serait donc là comme instrument permettant l'application de la loi, elle définit les contours de cette application, les limites, le contexte, et les exceptions. La règle régule, régie, régularise, règlemente, la règle est instrumentale. Mais si on considère que le *Procès* met en situation un individu aux prises avec une loi non seulement juridique mais également théologique, au sens où le droit hébraïque par exemple s'inspire des prescriptions de la Torah, alors la distinction entre loi et règle n'est plus aussi évidente.

C'est d'ailleurs la préoccupation d'Agamben[64] lorsqu'il tente de poser une distinction entre la règle qui oriente et la loi qui légalise, créant ainsi une opposition entre ''règle et vie'' et ''loi et droit''. Il s'agit pour lui de penser une forme de vie commune et réglée qui néanmoins échappe au droit et ne se réduit pas à la forme, ni au contenu, d'une loi. Agamben essaie finalement de penser une alternative à la loi (Loi ?) mosaïque. La différence qu'il souhaite opérer est la suivante : '' obéir à la règle '' n'est pas la même chose que '' vivre dans l'obéissance ''. Il soutient en ce sens qu'il n'y a pas de nature légale de la règle si elle se confond avec la vie. Le droit ne la contamine pas. Son paradigme est la vie cénobitique. Comment penser une forme de vie qui ne puisse jamais être l'objet d'une propriété ? Telle est la question d'Agamben. Cela implique d'effacer le droit et les manifestations qui s'y rapportent, puisque le droit est selon lui le mode d'appropriation le plus normatif.

Les règles juridiques du procès auquel est soumis K. ne dépassent-elles pas, tout comme les règles religieuses, le cadre du droit pour s'insinuer jusque dans la vie elle-même ?

Il faut prendre garde ici de ne pas oublier l'observation de Wittgenstein, lorsqu'il note qu'il est impossible de suivre une règle de manière privée, de même qu'il est illusoire de

---

[64] Agamben, G., *De la très haute pauvreté, règles et formes de vie*, Rivages, Paris, 2011

croire que suivre la règle est une pensée ou une conviction. Ce qui se joue avec la règle ne se joue jamais “ en privé ”, au sein de sa propre conscience. Suivre la règle est une pratique.

La philosophie du droit contemporain, à partir de Wittgenstein, a tenté de circonscrire les normes dites de type “ constitutif ” , qui ne prescrivent pas tel ou tel acte ni ne règlent un état de choses préexistant, mais fondent elles-mêmes l'existence de cet acte ou de cet état de choses.

Wittgenstein prend l'exemple du jeu d'échecs. Les pions n'ont pas de fonction particulière avant le jeu. Celle-ci est constituée par l'usage. Les pièces du jeu d'échecs ne possèdent aucune signification par elles-mêmes. Cette signification ne va prendre sens que par rapport aux règles qui la mettront en mouvement. C'est ce que nous disons de la faute de Joseph K. Comme le fou du jeu d'échecs, elle est constituée par les règles du procès. C'est pourquoi elle se met en place en même temps que le procès, de même que la fonction du fou ou de n'importe quelle autre figure du jeu d'échecs débute avec le jeu.

Rien ne précède.

C'est pourquoi chercher en-deçà n'a guère de sens et revient à vouloir regarder avant le commencement. C'est avec la mise en place des règles du procès que la faute de K. commence : sa faute est constituée par ce processus.

En réponse à la question “ en vertu de quoi une pièce est-elle le roi aux échecs ? ” ou “ qu'est-ce qui est constitutif de l'identité d'une pièce du jeu ? ”, on dira donc que c'est le roi en vertu de l'usage qu'en font les joueurs, usage informé par les règles du jeu.

Pour reprendre l'exemple wittgensteinien : si l'on montre à une personne qui ignore les règles des échecs une pièce du jeu, le roi par exemple, et qu'on lui dit simplement ‘’ c'est le roi ‘’, cela ne l'informera pas sur le rôle ou la position qu'il occupera dans le jeu. De même dans le *Procès*, si K. se contente de dire ‘’ moi je suis l'innocent ‘’, comme on dirait du roi ‘’ c'est le roi ‘’, son énoncé est dépourvu de sens. S'il se contente de dire aux juges ‘’ je suis innocent, je n'ai rien fait de mal ‘’, sans montrer en quoi consiste son innocence, c'est comme s'il désignait la pièce d'un jeu en la nommant (‘’ ça, c'est le roi ‘’) et sans autre explication du jeu lui-même.

La signification d'une pièce et le rapport des pièces entre elles ne se saisissent pas d'emblée par eux-mêmes. Ils se constituent par les règles qui président à leur mise en fonction.

Il en est de même de l'innocence de K.

K. ne joue pas le jeu du procès. Non pas parce qu'il est innocent, mais parce qu'il ignore les règles de ce jeu-là, et pire encore il ne veut pas les connaître. Après l'exposé par le peintre Titorelli des différentes solutions qu'un accusé peut adopter pour échapper à une condamnation, K. est envahi de lassitude, ce qui est éloquent : « K. commençait déjà à trouver fatigant qu'on lui reparlât de son innocence à tout instant. (…) Mais il se contraignit. (…) K. fut d'abord complètement ahuri par cet exposé méthodique (…) »[65]. « Il demanda d'un ton grognon : ‘’ comment appeliez-vous les deux autres solutions ? ’’ Il avait déjà oublié les termes

[65] Kafka, *Le Procès*, *op.cit.*, p.193

du peintre »[66]. Et finalement K. sort de cet entretien en ayant pris « la migraine à force d'efforts et d'attention »[67].

Kafka note en effet au sujet de « l'ignorance de toutes les choses du tribunal »[68] de K. : « Il lui semblait que la grande règle devait être pour un accusé de se trouver toujours prêt à tout, de ne jamais se laisser surprendre, de ne pas regarder à droite quand son juge se trouvait à gauche, et c'était justement contre cette grande règle qu'il recommençait toujours à pécher »[69].

Le procès, à y prêter attention, ne se déroule pas dans une absurdité complète. Il possède au contraire ses propres règles, que K. ignore. Dans le chapitre intitulé « L'Avocat, l'industriel et le peintre », K. se rend chez Titorelli. Dans son atelier, le peintre est en train de réaliser un tableau, et « K. faillit dire : '' mais c'est un juge ! '' (…) Titorelli lui répondit (…) '' C'est la Justice '' »[70].

Le propos est frappant. En prenant la justice pour un juge, c'est-à-dire en confondant la signification générale, la Justice, avec une pièce particulière, le Juge, K. est semblable à un jouer d'échecs qui ignorerait les règles du jeu, et qui croirait que la signification se *tient* dans la figure, alors que c'est l'inverse.

Plus loin, le peintre lui demande : « êtes-vous innocent ? (…) -'' oui '', dit K. Il était heureux de répondre à cette question, d'autant plus que ce n'était pas à titre officiel et

---

[66] *Ibidem.*, p.198
[67] *Ibidem.*, p.203
[68] *Ibidem.*, p.207
[69] *Ibidem.*, p.207
[70] *Ibidem.*, p.185

qu'il n'engageait ainsi aucune responsabilité »[71]. Cette affirmation de la part de K. est pour le moins surprenante. Si on est innocent -et accusé !- on veut naturellement l'affirmer officiellement ! K. admet lui-même, comme un aveu, un peu plus loin : « -vous connaissez certainement la justice beaucoup mieux que moi, je n'en sais guère que ce qu'on a voulu m'en dire. Mais j'ai trouvé tout le monde d'accord pour affirmer qu'aucune accusation n'était lancée à la légère (…) »[72]. Même si K. admet qu'il ne connait pas la justice, et qu'il devrait prendre au sérieux son accusation, il la délaisse pourtant. Léni, la maîtresse de l'avocat, lui rappelle au chapitre suivant : « il y a si longtemps que tu n'es plus venu nous voir ! L'avocat lui-même te demandait. Ne néglige pas ton procès »[73].

Dans ce même passage, on peut avoir une idée de l'attitude que K. devrait observer envers son procès, par le personnage de Block, un négociant lui-même en procès depuis des années, et qui prend les choses en main.

« Avant tout- c'est bien évident- je ne veux pas perdre mon procès. Aussi ne puis-je rien négliger de ce qui risque de me servir ; même dans le cas où l'espoir est très faible je n'ai pas le droit de ne pas courir ma chance. J'ai donc consacré à mon procès tout ce que je possède. J'ai retiré tout mon argent de mon entreprise ; autrefois, mes bureaux garnissaient presque tout un étage ; aujourd'hui, je me contente de l'arrière-maison d'une petite pièce et d'un simple apprenti. Ce n'est pas seulement le retrait de l'argent qui a causé cette régression, c'est surtout la diminution de ma puissance de travail. Quand on veut faire quelque chose

[71] *Ibidem.*, p.188
[72] *Ibidem.*, p.189
[73] *Ibidem.*, p.214

pour son procès on ne peut plus s'occuper de rien »[74], explique le négociant à K. Mais K. n'a que du mépris pour ce petit négociant, « rien que par son gros manteau de fourrure il se sentait déjà très supérieur à ce petit homme desséché... »[75] ; et Kafka note encore : « il se sentait aussi libre d'esprit que lorsqu'on cause à l'étranger avec de petites gens »[76].

Or, ce Block prend lui-même la peine de se plonger dans l'étude juridique afin d'acquérir des connaissances qui pourront l'aider pour son procès, contrairement à K. « J'ai vu qu'il lisait sérieusement, dit Léni à l'avocat en lui parlant du négociant, il a lu toujours la même page en suivant les lignes du doigt. Toutes les fois que j'ai regardé, il soufflait comme si cette lecture lui causait de grandes difficultés. Les écrits que tu lui a prêtés doivent être très difficiles à comprendre. -Oui, dit l'avocat, ils le sont »[77]. Dans cet extrait, Block pourrait être comparé à un étudiant talmudiste occupé à déchiffrer et à interpréter quelque grand texte de loi. Par contraste, semble plus nette également la médiocrité de K., qui se sent supérieur sans avoir ni autant de savoir textuel, ni autant de patience pour l'étude. Ni même d'ailleurs, le moindre intérêt pour tout cela, qui pourrait pourtant lui être d'une grande utilité pour sa défense.

[74]*Ibidem*., p.217
[75]*Ibidem*., p.210
[76]*Ibidem*., p.211
[77] *Ibidem*., p.243

Chapitre III: la Loi, ou pourquoi il n'y a pas de messianisme kafkaïen

C'est juste, répondit l'Abbé, mais c'est ainsi que parlent les coupables[78].

-La faute et l'étude

Mais, pourrait-on objecter, en quoi cela peut constituer une faute ? En quoi le fait de ne pas se sentir coupable, et ne pas se sentir concerné par l'interpellation de la loi peut constituer un manquement, passible de la peine de mort dans le *Procès* ? Un premier élément de réponse nous est proposé par l'importance même, et le rôle de l'étude de la Loi dans le franchissement des Portes qui semblent résolument fermées au paysan démuni de l'apologue. C'est ce que souligne Abraham Weingort en soutenant que « la Loi précède l'homme : « *ki hamichpath beatsmo melamed èt haadam daath* », « c'est la Loi elle-même qui enseigne à l'homme la connaissance » [79] . L'évolution morale de l'homme est fonction de sa capacité d'intégrer en lui les principes de la Loi. A travers l'étude de la Loi, les juges d'Israël pouvaient acquérir peu à peu les qualités requises par la Torah. En d'autres termes, le droit ne constitue pas l'émanation de principes moraux mais il est lui-même

[78] Kafka, *Le Procès*, *op.cit.*, p.260

[79] Weingort, A. *Leçons sur le droit hébraïque*, *op.cit.*, tome I, neuvième leçon, p.154

source de ces principes. « La finalité du droit, c'est d'éduquer et de former l'homme, et telle est précisément la fonction du droit absolu »[80] . Ce rapport à la Loi, juridique et religieuse, au cœur du roman de Kafka, devrait donc passer par la mise en relation de deux éléments : la com-préhension de la Loi, et ce qui devrait s'en suivre au regard de cette même loi si l'individu est déclaré coupable, la repentance. Or, la condition de possibilité de cette mise en relation est évidemment et avant tout le fait de se sentir concerné personnellement par l'interpellation de la Loi, ce qui précisément fait défaut à Joseph K.

En témoignent plusieurs passages, par exemple lorsque K. affirme lors de son arrestation : « j'en parle sérieusement, ou tout au moins avec le demi-sérieux que vous y mettez vous-même. L'affaire est trop peu importante pour que j'aie recours à un avocat, mais un conseil ne pourra pas me faire de mal »[81]. « Ca n'a pas une telle importance »[82], dit-il encore à son directeur de banque. « Tout cela ne sert à rien »[83] affirme K. devant le Juge, avant de lui répondre « bande de fripouilles que vous êtes ! Je vous fais cadeau de tous vos interrogatoires » , alors même que le Juge lui parlait de « l'avantage que constitue toujours un interrogatoire pour un accusé »[84]. K. est donc très loin de s'interroger sur sa culpabilité, et cela malgré le fait qu'on l'arrête et qu'on l'accuse. Il ne doute jamais de son innocence, et ne cherche pas à connaître la raison de son arrestation. Le jour même où on lui signifie son arrestation, sa seule préoccupation est de rencontrer sa voisine Mlle Bürstner: « il décida de ne pas

[80] *Ibidem.*, p.154
[81] Kafka, *Le Procès*, *op.cit.*, p.53
[82] *Ibidem.*, p.70
[83] *Ibidem.*, p.79
[84] *Ibidem.*, p.87

se coucher, cela lui fournirait en même temps l'occasion de vérifier à quelle heure rentrerait Mlle Bürstner. Peut-être pourrait-il alors encore échanger quelques mots avec elle, si déplacé que ce put être »[85]. Lorsqu'il se rend chez l'avocat, son attitude est la même, « il savait à peine de quoi il était question, il laissait errer ses pensées, tantôt songeant à l'infirmière et à la brusquerie avec laquelle l'oncle l'avait traitée, tantôt se demandant s'il n'avait pas déjà vu la tête du chef de bureau »[86].

La veille de sa première convocation, K. passe sa soirée non pas à travailler sa défense, ou à chercher les raisons de l'accusation qui le vise mais à faire « une petite fête »: « K. se trouvait très fatigué, ayant passé la moitié de la nuit au restaurant à l'occasion d'une petite fête »[87]. Lors de l'interrogatoire lui-même, le lendemain, il ne demande pas aux Juges la raison de son arrestation, il se contente de protester, notamment contre la manière dont il a été arrêté, en énumérant des détails insignifiants : « la pièce voisine fut occupée par deux grossiers inspecteurs », « ils m'ont demandé de l'argent pour aller me chercher, disaient-ils, à déjeuner, après avoir effrontément bu mon café au lait sous mes yeux! », « on m'a conduit devant le brigadier dans une troisième pièce de l'appartement. C'était la chambre d'une dame pour laquelle j'ai beaucoup d'estime et il a fallu que je vois cette chambre dérangée », « la présence des employés avait naturellement un autre but (...) répandre la nouvelle de mon arrestation, nuire à ma réputation et ébranler ma situation à la banque ». Enfin K. conclut : « Mme Grübach elle-même a donc été assez raisonnable pour reconnaître qu'une pareille arrestation n'a pas plus d'importance qu'une attaque

---

[85] *Ibidem.*, p.48
[86] *Ibidem.* p.141
[87] *Ibidem.*, p.70

exécutée dans la rue par des individus mal surveillés. Tout cela m'a causé, je le répète, que des désagréments passagers (…) »[88].

Cette légèreté qui est celle de K. envers la loi et ses applications, qu'il qualifie de « cérémonies ridicules »[89]. Elle l'empêche « d'adopter une loi qui est par essence étrangère »[90]. Ce qui explique que K. ne fait preuve d'aucun examen consciencieux de ses actes, ni d'aucun doute concernant son innocence. Comment le pourrait-il, lui pour qui son accusation n'est qu'une farce qui ne le concerne pas, et ne mérite pas d'être prise au sérieux ?

La tradition hébraïque peut encore ici offrir un certain éclairage. Elle fournit une illustration de ce que que pourrait être un examen scrupuleux, dans un texte lu le jour de Yom Kippour. Le cinquième et dernier office, dérivé du rituel du second Temple dont l'appellation n'est pas dépourvue d'accent kafkaïen, « la fermeture des Portes » (*Neïlat chéarim*) entame l'examen des modalités de la faute : « Pour toute faute commise envers toi, par contrainte, par ignorance, publiquement, avec conscience, par le cœur, par l'aveu verbal, volontairement, avec force, par impureté des lèvres, par mauvais instinct, sans savoir, par dénégation et mensonge, par médisance, par erreur d'appréciation, par volonté délibérée, par usure et intérêt, en secret, par le regard hautain, par l'expression de la bouche, par les pas de nos pieds, par la nuque raide, par traîtrise, par les 248 membres et 365 tendons de notre corps et par notre personne, notre esprit et

---

[88] *Ibidem.*, p.81 et 82

[89] *Ibidem.*, p.33

[90] Naiweld R., *Les anti-philosophes, pratique de soi et rapport à la loi dans la littérature rabbinique classique,* Paris, Armand Colin, 2011, p.173

notre âme, par erreur (…) »[91]. Voilà ce que ne fait nullement Joseph K. alors même qu'il est déclaré coupable: « dans l'ignorance où l'on était de la nature de l'accusation et de tous ces prolongements, il fallait se rappeler sa vie jusque dans les moindres détails, l'exposer dans tous ses replis, la discuter sous tous ses aspects »[92]. Le fait est reconnu par K. lui-même : « écoutez ceci, dit-il lors de son premier interrogatoire, j'ai été arrêté il y a environ dix jours - le fait en lui-même m'amuse »[93].

Il ne vient pas à l'esprit de K. qu'il peut être coupable de quoi que ce soit. La conséquence de cette inconséquence - si l'on peut dire- est que K. ne prend aucune part active à son procès, même s'il tente bien quelquefois de se reprendre, considérant alors avec sérieux toute l'importance de son affaire. Un beau matin, dans son bureau, K. se se demande s'il ne devrait pas lui-même se défendre : « Il était absolument nécessaire que K. intervînt lui-même (…) Il n'avait plus guère le choix d'accepter ou de refuser le procès, il s'y trouvait en plein dedans et il fallait se défendre, et s'il se fatiguait, gare à lui ! »[94]. Car tenir une défense dans un procès n'est pas tâche aisée, surtout pour K. qui accorde peu d'importance aux procédures, et qui ignore la loi. « Il ne suffirait évidemment pas pour cela de rester comme les autres assis dans le couloir et de poser son chapeau sous le banc, il faudrait harceler chaque jour les employés, les faire assiéger par les femmes ou par quelques tiers que ce fût, et les contraindre à s'assoir à leur table et à étudier la requête (…) Nulle relâche dans ces efforts, pense

---

[91]Prière du soir de Yom Kippour,
[92] Kafka, *Le Procès, op.cit.*, p.165
[93] *Ibidem.*, p.81
[94] *Ibidem.*, p.163

alors Joseph K., il faudrait tout organiser et surveiller parfaitement, il faudrait que la justice se heurtât une bonne fois à un accusé qui sût se défendre »[95].

Cependant, alors même que K. fait preuve de lucidité, « il était déjà écrasé par la difficulté de rédiger la première requête. Une semaine auparavant il ne pensait encore qu'avec honte qu'il pût être obligé un jour de rédiger ce document de sa propre main, mais que ce dût être difficile il n'y avait jamais songé »[96]. Voilà où l'a mené sa désinvolture, qui constitue alors à cet égard l'aspect le plus saillant de sa faute envers la loi : « la résolution qu'il avait prise de se défendre lui-même lui paraissait plus difficile à exécuter qu'il ne l'avait pensé d'abord. Tant qu'il avait rejeté le soin de sa défense sur l'avocat, il ne s'était trouvé en somme que très peu touché par le procès ; il l'avait observé de loin sans en être jamais atteint directement ; il avait eu loisir d'examiner à son gré la marche de son affaire ou de s'en désintéresser. Mais maintenant, s'il assumait lui-même la tâche de sa défense, il devrait s'exposer seul à tous les coups de la justice, provisoirement tout au moins ; le résultat serait, plus tard, la libération définitive ; en attendant, il faudrait faire face à des dangers beaucoup plus grands que jusqu'alors »[97]. Comme on sait, K. n'assumera jamais sa défense lui-même, et il remettra le soin de son procès à un peintre qu'il connaît à peine[98].

Dans le droit hébraïque, le juge exerçant ses fonctions n'est pas tenu de suivre les règles édictées par la Torah. Le juge a la liberté de prononcer un jugement différent des lois en vigueur, le principe de « *hefker beth din hefker* » (principe

[95] *Ibidem.*, p.164
[96] *Ibidem.*, p.164
[97] *Ibidem.*, p.170
[98] Voir le chapitre VII du *Procès*, « l'avocat, l'industriel et le peintre ».

talmudique qui consiste à juger au delà du Droit), autorisant par exemple le tribunal à changer la propriété de certains biens, même si cette décision est contraire aux lois courantes énoncées par le texte toraïque. Le texte autorise donc son propre dépassement. C'est ainsi que pour le Talmud, devenir juge requiert la capacité de démontrer logiquement qu'un « *cherets* » (le cadavre d'un reptile) n'est pas impur, alors que la Torah dit explicitement que le reptile mort est impur. Autrement dit, pour siéger dans un tribunal, il faut être capable de détourner le sens du texte toraïque et d'aller même jusqu'à soutenir le contraire de ce qu'il dit. Toutefois, le juge doit justifier son interprétation du texte ou sa décision de ne pas appliquer la loi à la lettre. Un juge a donc la capacité d'aller, dans ses jugements, à l'encontre des commandements divins ! L'action de rendre la justice dépend davantage de la liberté responsable des juges que de Dieu lui-même, et comme l'affirme la Kabbale, il y a bien le « tribunal d'en haut », et le « tribunal d'en bas ».

Le traité Sanhédrin du Talmud va encore plus loin, en affirmant que si les membres du tribunal déclarent unanimement coupable et passible de peine de mort un prévenu (même si le prévenu a tué volontairement quelqu'un juste devant le tribunal), ce dernier est déclaré innocent. Pourquoi ? Parce que la Torah affirme qu'un jugement doit être discutable.

La toute-puissance décisionnaire accordée aux juges est souvent comparée à celle de Dieu lui-même. Elle manifeste ainsi l'importance plus que considérable du jugement du tribunal, ce dont précisément se moque Joseph K.

Le Roi David enseigne : « Dieu est ton ombre, près de ta main droite ». Rabbi Haïm de Volozine commente : « Que signifie ‘’ Dieu est ton ombre ’’ ? Quand tu ris à ton ombre, elle te répond par le rire, si tu pleures, elle pleure aussi, si tu prends un air irrité ou accueillant, elle te renvoie la même réaction. Ainsi, Dieu est ton ombre : comme tu es avec Lui, Il est avec toi (…) Aussi l’Ecriture conseille t-elle : ‘’ Servez Dieu dans la joie ’’ (Psaumes 100, 2) » .[99]

De même que Dieu est le reflet de l’attitude que l'on adopte envers lui, de même dans le *Procès*, l'attitude que K. aura envers ses juges lui sera renvoyée telle comme le ferait son ombre, ou un miroir. La désinvolture de K. à l’égard de la loi aura donc pour effet qu’on traite son cas avec la même légèreté que la sienne à l’égard du tribunal et de son affaire.

Cette restitution à l’identique, mesure sur mesure, est la justice même. « Car je n’innocente point le coupable », disent les Ecritures. Cette formule est comprise classiquement comme désignant la tâche pour le juge de rendre la justice pour chacune des parties d’un procès. Néanmoins, comme le fait remarquer Weingort[100], « dans une seconde lecture, la Guemara qui suit considère que cette formule fait allusion à un cas de faux-témoignage où les faux-témoins ont été démasqués par d’autres témoins, lesquels permettent grâce à leur déposition (sous la forme d’un témoignage) d’acquitter ‘’l’innocent’’ accusé à tort, et de condamner ‘’les coupables’’, c'es-à-dire les faux-témoins, bien qu’ils ne soient pas parties dans le procès initial » . De là découle un grand principe du droit hébraïque : pour pouvoir appliquer la peine habituelle pour faux-témoignage, il faut qu’il existe « une équivalence absolue entre ce que les auteurs de cette infraction ont voulu faire et ce qui leur est appliqué »[101]. Il en va de même dans le *Procès.* L’accusé sera traité par les juges de la même manière qu’il traite son

---

[99]Rabbi Haïm de Volozine, *L’âme de la vie*, Paris, Verdier, 1986, p. 117
[100]Weingort A., *Leçons de droit hébraïque*, *op.cit.*, p.83
[101] *Ibidem.*, p.83

propre procès. Puisque K. considère sa procédure de loin, avec légèreté, inconsistance, désintérêt et précipitation, il lui sera rendu l'équivalent. Son verdict final sera bâclé, précipité, et les bourreaux auront la même distance et le même désintérêt à l'égard de K. que K. à l'égard de son procès.

L'Abbé, que K. rencontre à la cathédrale, l'interpelle en lui rappelant son statut d'accusé. « On considère du moins ta faute comme prouvée »[102] dit-il à K. Le seul contre-argument que K. trouve alors est le suivant : « mais je ne suis pas coupable ! dit K. ; c'est une erreur. D'ailleurs, comment un homme peut-il être coupable ? »[103] . L'Abbé résume alors à sa manière en quoi K. se rend coupable non d'un crime, nous le répétons, mais d'une faute : « tu vas trop chercher l'aide des autres ». Il précise encore : « et surtout celle des femmes (…) Ne t'aperçois-tu donc pas qu'elles ne sont pas d'un vrai secours ? »[104].

K. est donc fautif. Demeure alors une question : pourquoi n'existe-t- il pas de pardon possible pour cette faute, pourquoi Joseph K. n'est-il pas sauvé ? Pourquoi renonce t-il même à se sauver ?

La réponse à cette question nous amène à une question décisive dans le *Procès,* la rédemption. Pour aller droit au but et à la conclusion: la rédemption est impossible dans le *Procès*, elle n'est en vérité même pas pensable, le choix ne se présente qu'entre la culpabilité ou le victimisme. On relèvera donc l'absence complète de toute structure messianique, qui consisterait en une rédemption soudaine qui arriverait au dernier moment.

---

[102] Kafka, *Le Procès*, *op.cit.*, p.260
[103] *Ibidem.*, p.260
[104] *Ibidem.*, p.261

-L’Apologue et Eichmann

Nous en sommes donc au chapitre IX du *Procès*, et la désinvolture avec laquelle K. considère sa mise en accusation est manifeste. Celle-ci peut nous éclairer sur la signification de l’Apologue, récit raconté à K. par l’Abbé dans la cathédrale: « une sentinelle se tient postée devant la Loi, un homme vient un jour la trouver et lui demande la permission de pénétrer dans la Loi. Mais la sentinelle lui dit qu’elle ne peut pas le laisser entrer en ce moment. L’homme réfléchit et demande alors s’il pourra entrer plus tard. ‘‘ C’est possible, dit la sentinelle, mais pas maintenant ’’. La sentinelle s’efface devant la porte, ouverte comme toujours, et l’homme se penche pour regarder à travers la porte. La sentinelle, le voyant faire, rit et dit ‘‘ si tu en as tant envie essaie donc d’entrer malgré ma défense ’’ »[105], expliquant alors qu’il n’est que le premier d’une série de gardiens beaucoup plus puissants que lui. « L’homme ne s’était pas attendu à de telles difficultés, il avait pensé que la Loi devait être accessible à tout le monde et en tous temps, mais maintenant, en observant mieux la sentinelle (…) il se décide à attendre quand même jusqu’à ce qu’on lui permette d’entrer »[106].

S’en suivent des années d’attente pour l’homme, assis à côté de la porte et du gardien. L’homme finit par vieillir, et, se sentant proche de la mort, il adresse une dernière question à la sentinelle : « si tout le monde cherche à connaître la Loi, comment se fait-il que depuis si longtemps personne d’autre que moi ne t’ait demandé d’entrer » ?[107] Le gardien voit que l’homme est sur la fin et lui rugit à

[105] *Ibidem.*, p.263 et 264
[106] *Ibidem.*, p.164
[107] *Ibidem.*, p.164

l'oreille : « Personne que toi n'avait le droit d'entrer ici, car cette entrée n'était faite que pour toi, maintenant je pars et je ferme la porte »[108]. S'en suit alors une discussion sur les différentes interprétations de ce récit entre K. et l'Abbé, dont la structure et la composition rappellent étrangement les discussions talmudiques. Si l'Abbé prend la peine de présenter à K. cet apologue, c'est parce qu'il fournit la raison de l'accusation de Joseph K., et qu'un parallèle s'impose entre l'attitude de l'homme devant la Loi et la faute de K.

L'Apologue reflète en effet la situation de K. : les sentinelles, postées devant chaque porte et de plus en plus puissantes, représentent les avocats et les juges ; l'homme de la campagne, qui au lieu d'entrer dans la loi passe sa vie à s'attacher aux détails insignifiants, c'est bien sûr Joseph K. ; l'entrée de la loi représente le procès, les portes par lesquelles K. aurait pu entrer dans la loi s'il avait eu les qualités pour se décider à franchir le seuil ; la fermeture de ces portes à la fin de l'Apologue représente quant à elle la sentence prononcée contre K., sa punition finale pour la constance de son erreur.

« Tu ne respectes pas assez l'Ecriture »[109], reproche l'Abbé à K., qui, semblant s'identifier immédiatement avec l'homme de l'Apologue, remet la faute sur les sentinelles : « le gardien a donc trompé l'homme »[110], dit-il. Le non-respect de l'Ecriture est en effet ce qui résume le mieux l'attitude coupable de K.

Il y a une seule différence entre l'homme devant les Portes de la Loi et K. Le premier s'y tient volontairement, par désir

---

[108] *Ibidem.*, p.164
[109] *Ibidem.*, p.266
[110] *Ibidem.*, p.265

de connaître, tandis que K. ne s'y trouve que du fait de sa mise en accusation. L'attitude adoptée face à la Loi qui semble difficile d'accès –pour l'homme, par la présence des gardiens, pour K. par les interminables et incompréhensibles procédures judiciaires - est toutefois la même : une passivité absolue dont l'attente agacée remplace l'effort sérieux et la patience active nécessaires au franchissement les portes, pourtant ouvertes. Tandis que l'homme de l'Apologue, au lieu d'étudier la Loi, « étudie au cours de longues années la sentinelle, au point de connaître jusqu'aux puces de son col de fourrure »[111], K. se perd lui aussi dans des futilités, se préoccupant toujours des détails, comme le fait que les hommes de loi aient bu son café le matin de son arrestation, ou dérangé des affaires dans la chambre voisine.

Enfin, si l'homme se demande, face à la mort, pourquoi il était seul devant les portes, K. quant à lui prend conscience, avant de mourir, de ses manquements : « où était le Juge qu'il n'avait jamais vu ? Où était la haute cour à laquelle il n'était jamais parvenu ? (…) Existait-il des objections pas encore soulevées ? »[112]. Mais ces questions auraient dû être posées par K. bien avant, durant sa procédure : elles arrivent « trop tard »[113], tout comme le dernier sursaut de l'homme de l'Apologue, mourant juste devant les Portes de la Loi.

La faute de K. aura laissé sans réponse l'exigence du *Procès*, exigence selon laquelle bien que « sur la balance de Job / Nous fûmes pesés à l'once près. / Inconsolables

---

[111]*Ibidem.*, p.265
[112] *Ibidem.*, p.279
[113] *Ibidem.*, p.265

comme au jugement dernier (…) / Pourtant, hélas, il nous faut vivre / Jusqu'à ce que le Tribunal nous entende »[114].

Le second chapitre du livre d'Arendt, *Eichmann à Jérusalem*, s'intitule « L'accusé ». Arendt y raconte qu'Adolf Eichmann « comparut devant le tribunal de Jérusalem le 11 avril 1961, et fut l'objet de quinze chefs d'accusation (…) A tous les chefs d'accusation Eichmann plaida ‘' non coupable dans le sens de l'accusation '' »[115] De même que K. plaide non coupable devant son tribunal : « je suis accusé sans pouvoir arriver à trouver la moindre faute qu'on puisse me reprocher »[116].

D'ailleurs, la question qui suit est à peu de chose près la même pour les deux accusés : « la question essentielle est de savoir par qui je suis accusé ? Quelle est l'autorité qui dirige le procès ? »[117] demande Joseph K. ; quant à Eichmann, « dans quel sens se croyait-il donc coupable ? »[118]. K. fait preuve de la même désinvolture qu'Eichmann face à ses accusations, il ne reconnait ni ses fautes, ni l'autorité du tribunal qui les lui impute. Ce n'est pas, dans le *Procès*, le Tribunal qui est fautif, c'est K., qui d'ailleurs, comme Eichmann, est un fonctionnaire irréprochable.

Aussi n'est-il pas étonnant de découvrir que la même chose puisse être dite de K. comme d'Eichmann, à savoir ‘' qu'il n'avait rien fait de mal '' -expression que l'on trouve au tout début du *Procès*, et que l'on retrouve mot pour mot

---

[114] Scholem G., poème didactique, 1934, in *Walter Benjamin, Correspondance*, volume II, Paris, Aubier, 1979

[115]Arendt H., *Eichmann à Jérusalem,* Gallimard, Paris, 2002, p.80

[116] Kafka, *Le Procès*, *op.cit.*, p.35

[117]*Ibidem*., p.35

[118] H. Arendt, *Eichmann à Jérusalem*, *op.cit.*, p.73

chez Arendt au sujet d'Eichmann : « apparemment la défense eut préféré qu'il plaidât non-coupable, au motif que, dans le cadre du système juridique nazi alors en vigueur, il n'avait rien fait de mal »[119]. Eichmann se déclare aussi innocent que K. : « je ne suis pas le monstre qu'on a fait de moi. Je suis victime d'une erreur »[120], dit Eichmann, et Arendt de commenter alors : « il n'employa pas le mot de '' bouc-émissaire '', mais reprit les propos du Dr Servatius : '' il était profondément convaincu qu'il devait pâtir pour les actes des autres '' »[121].

Il ne sera donc pas étonnant que K. et Eichmann aient la même conception de la loi : ils ne la reconnaissent pas comme légitime. Si Eichmann se targue d'être coupable '' devant Dieu, mais pas devant la loi '', Joseph K. déclare quant à lui que son procès n'est qu'une mauvaise plaisanterie. On retrouve la même négation de la loi dans l'argumentation d'Eichmann : « le procès n'avait pas été équitable, et le jugement était injuste »[122]. Cela est dû en partie au fait qu'Eichmann avait affirmé de façon inébranlable -de même que K. soutiendra tout au long du roman qu'il n'a jamais commis aucun crime manifeste- que sa seule faute était langagière, il avait '' aidé et encouragé '' l'exécution des crimes dont on l'accusait, mais n'avait jamais tué personne. Arendt souligne que le Tribunal israélien a reconnu le fait que l'homme qui était en procès n'était pas un criminel ordinaire, que son crime était d'une essence différente, prenant ainsi acte de la singularité du crime d'Eichmann. Et, en effet, le jugement rendu souligne que pour de tels crimes, « le degré de responsabilité augmente à mesure qu'on

---

[119] Arendt H., *Eichmann à Jérusalem*, *op.cit.*, p.74
[120] *Ibidem.*, p.432
[121] *Ibidem.*, p.432
[122] *Ibidem.*, p.432

s'éloigne de l'homme qui manie l'instrument fatal de ses propres mains »[123].

Hannah Arendt, au chapitre VIII intitulé « les devoirs d'un citoyen respectueux de la loi », écrit: « c'était ainsi, c'était la nouvelle loi du pays, fondée sur l'ordre du Führer ; autant qu'il put en juger, il agissait, dans tout ce qu'il faisait, en citoyen qui obéit à la loi. Il faisait son devoir, répéta t-il mille fois à la police et au tribunal, non seulement il obéissait aux ordres, mais il obéissait aussi à la loi »[124]. K. et Eichmann se considèrent également comme '' de bons citoyens '', irréprochables. Arendt rappelle qu'« en d'autres termes, devant la loi, la culpabilité et l'innocence sont des faits objectifs »[125].

Mais c'est aussi l'insignifiance et la banalité du personnage de Joseph K. qu'on retrouve chez le criminel que décrit Arendt. La normalité, voilà ce qui leur est commun. Joseph K., petit employé de bureau ; Eichmann, petit officier de transport, tous deux pris au coeur d'une machine juridique qui ne laisse que très peu d'espoir quant à leur sort, tous deux, niant le caractère criminel de leurs actes. Notre parallèle est d'ordre et d'intérêt exclusivement littéraires. Il n'est pas question de s'interroger sur la perspicacité d'Arendt concernant Eichmann. Il s'agit simplement de mieux comprendre ou de comprendre à nouveaux frais la figure de Joseph K., à la lumière des propos d'Arendt : « cet échec des juges de Jérusalem était lié à un autre : leur incapacité à comprendre le criminel qu'ils étaient venus juger ... ce nouveau type de criminel, tout *hostis humani generis* qu'il soit,

---

[123] *Ibidem.*, p.225
[124] *Ibidem.*, p.225
[125] *Ibidem.*, p.480

commet des crimes dans de telles circonstances qu'il lui est impossible de savoir ou de sentir qu'il a fait le mal »[126].

Dans le *Procès*, cette incapacité à ‘’ savoir ou à sentir ’’ de Joseph K., ne le rend pas moins coupable, au sens où un accusé pourrait, en raison de déficiences, être déclaré inapte à être jugé responsable de ses actes. Cela accroît sa culpabilité. Joseph K. est responsable de son incapacité à se savoir ou à se sentir responsable, telle est l'accusation la plus absolue, celle qui n'accepte aucune excuse, aucune circonstance atténuante, aucun pardon, aucune rédemption.

-Il n'y a pas de messianisme dans le *Procès*

De cette rédemption, le terme de messianisme est certainement, dans la tradition juive, le point de plus grande acuité de l'espérance religieuse, au sens où il en est le synonyme le plus approprié. Dans la Bible, le terme de messie (‘’ *mashiah* ’’) désigne les prêtres et les rois, ceux qui recevaient une onction (‘’ *mashouah* ”). Mais il faut attendre la rédaction du Talmud, immense corpus de commentaires bibliques rédigé au début de l'ère commune, pour y voir apparaître nombre de discussions entre les Sages sur la question messianique, et pour y percevoir une définition temporelle: le messianisme est l'ère où la rédemption aura lieu.
Dans ces textes, la pensée messianique paraît se scinder en deux tendances hétérogènes, pour dire la chose sommairement.

La première pense la réalisation messianique comme désignant une arrivée imprévisible, inattendue, inopinée. Selon

[126] *Ibidem.*, p.443 et 444

le traité talmudique Sanhédrin , le messie doit arriver ‘’ dès aujourd’hui ’’. La rédemption est possible à tout instant. Elle n’est pas réservée d’avance à un futur proche ou lointain. L’instantanéité de l’arrivée messianique se caractérise par la surprise qu’il produit, et le Talmud va même jusqu’à dire, avec un trait d’absurde que l’on aurait pu trouver chez Kafka, que « trois choses viennent quand on n’y pense pas : le messie, une trouvaille et un scorpion dans une chaussure »[127]. De même qu’il est impossible de déterminer le moment où l’on fera une trouvaille, il est impossible de savoir quand la délivrance messianique adviendra. Toutefois, force est de constater que même si le Talmud évoque l’idée d’un messie prêt à arriver ‘’ aujourd’hui ’’, il ne vient pas, il tarde, il faut encore l’attendre. La littérature rabbinique introduit alors plusieurs modalités temporelles d’arrivée du messie, ‘’ dans le futur qui vient ’’ (‘’ *be atid lavo* ’’), ‘’ dans le monde à venir ’’ (‘’ *be olam haba* ’’), ‘’ à la fin des jours ’’ (‘’ *aharit hayamim* ‘’), modalités qui soulignent le caractère à venir de la rédemption.

Telle est la seconde tendance, la seconde façon de penser l’avènement messianique. Celui-ci sera alors compris comme une arrivée signant le terme de l’histoire, au sortir d’un processus de long cours et d’une temporalité linéaire où les événements ont été fixés par avance dans un but final, le salut rédemptionnel.

A partir de ce bref rappel, on peut se demander si ce qui rend l’atmosphère du *Procès* si insupportable n’est pas le fait qu’on se trouve dans un univers d’où toute messianicité, toute possibilité de rédemption, est absente ?

L’attente de la rédemption est saturée d’imprédictible, et la croyance qui en devine les figures n'est pas pour autant dans

---

[127] Talmud, traité Sanhédrin

le retrait du monde. La croyance désigne une position d'espoir. Elle pressent le surgissement possible d'un inouï, d'un inattendu, d'un imprévu, qui peut nous sauver au tout dernier moment. La rédemption signifie donc une rupture dans le tissu temporel d'une histoire, comme l'exception en est une au sein de la quotidienneté. En ce sens, l'impatience messianique définit la relation proprement humaine à l'avenir. Et avant d'être une croyance religieuse, cette impatience constitue l'essence même de l'espérance.

C'est précisément cette idée d'une absence criante de l'imminence toujours possible d'un sauvetage messianique qui régit la lecture du dernier chapitre du *Procès* intitulé « Fin ». Au moment où les deux messieurs chargés de l'exécution de K. emmènent celui-ci dans la rue pour l'abattre sommairement, et alors qu'ils marchent tous trois dans la nuit, « à ce moment, Mlle Bürstner surgit par un petit escalier du fond d'une ruelle encaissée. Peut-être, après tout, n'était-ce pas elle, mais la ressemblance était grande. D'ailleurs, peu importait à K. que ce fût bien Mlle Bürstner. Il ne songea qu'à l'inutilité de sa résistance (…) La jeune fille venait d'entrer dans une ruelle latérale, mais K. pouvant se passer d'elle maintenant, s'abandonna à ses compagnons. Complètement d'accord désormais, ils s'engagèrent tous les trois sur un pont (…) » [128]. Plus loin, au moment même de son exécution, « K. savait très bien maintenant que son devoir eût été de prendre lui-même l'instrument pendant qu'il passait au dessus de lui de main en main et de se l'enfoncer dans le corps »[129].

Une telle résignation pourrait bien sûr être le signe que K. reconnaît au dernier moment sa culpabilité. Mais elle signifie encore plus certainement l'absence totale de structure -

---

[128]Kafka, *Le Procès, op.cit.*, p.277
[129] *Ibidem.*, p.279

messianique. S'il y en avait une, en effet, il y aurait de l'espoir, jusqu'au dernier moment, car la rédemption peut arriver à n'importe quel moment. Il est manifeste que K. n'espère pas, car espérer c'est résister.

Non seulement K. n'oppose aucune résistance à son exécution, mais mieux, il veut lui-même hâter sa propre fin.

- Ouvertures

Les deux exécuteurs de Joseph K., mandatés par le Tribunal, accomplissent une vengeance officielle suite au jugement prononcé contre K.

En cas de meurtre, la Bible ordonne d'instituer un vengeur, appelé *Goèl Hadam*, le ‘‘ rédempteur du sang ’’. Son institution se trouve mentionnée dans les Nombres ainsi que dans le Deutéronome. Le *Goèl Hadam* désigne celui qui doit venger la mort de son proche parent tué. Le cas des villes de refuge, instituées par la Bible, permettaient alors au meurtrier d'échapper au *Goèl Hadam*. Le meurtrier pouvait rester dans les villes de refuge en attendant son jugement prononcé par le Tribunal, qui devait alors statuer sur la nature du crime commis, homicide intentionnel ou involontaire. Quant au vengeur, il n'avait pas le pouvoir d'accorder son pardon au meurtrier, même s'il le souhaitait. La vengeance était affaire si sérieuse que le Talmud affirme au Traité Sanhédrin (45b) que s'il n'y a pas de vengeur, le Tribunal doit instituer un vengeur officiel.

Notons que pour que la vengeance puisse être réparatrice, il faut une forme d'équité, le talion, un oeil pour un oeil, une vie pour une vie. La peine et le crime doivent s'équivaloir dans une certaine réciprocité. La vengeance n'est donc pas un affect soudain, aveugle et irrépressible. Ce qui semble en effet caractériser la vengeance, c'est la rationalité du calcul qu'elle nécessite, autour de l'égalité, de l'équité, de l'équivalence.

Spinoza, dans le livre II de l'Éthique, définit la vengeance de la manière suivante : « la Vengeance est un Désir qui nous excite à faire le mal par une Haine réciproque à qui, affecté du même sentiment à notre égard, nous a porté dommage ». Un lien direct est ici établi entre la vengeance et la réciprocité : il y a vengeance si, et seulement si, le coup que l'on désire porter à autrui est le résultat d'une haine égale à celle qui a accompagné le dommage qui a été porté à notre encontre. Ce premier élément, à savoir que la vengeance se considère comme mise en œuvre d'une égalité entre le crime subi et la peine appliquée qui doit être équivalente, est soulignée chez Hegel, dans ses *Principes de la philosophie du droit* :

« La suppression du crime est la loi du talion en ce sens que, d'après son concept, celle-ci est une violation d'une violation, que, selon son existence empirique, le crime a une sphère qualitative et quantitative déterminée et que, par suite, la négation du crime doit avoir, dans son existence, la même étendue. Cette identité (du crime et de la peine), qui repose sur le concept, n'est pas l'égalité dans la qualité spécifique de la violation, mais dans la nature en soi de la violation, c'est-à-dire une égalité suivant la valeur »[130].

Hegel utilise l'expression *Wiedervergeltung,* qu'on peut traduire par talion ou aussi rétribution. Ce qui importe en effet, c'est moins le prix que le criminel doit payer pour son

---

[130] Hegel, G.W.F, traduit par J.F Kervégan, Paris, Puf, Quadrige, 2013, p.101

crime, que l'égalité ou l'équivalence entre la peine et le crime.

« Ce que le talion a tout d'abord contre lui, reprend Hegel, c'est qu'il apparaît comme quelque chose d'immoral, étant une vengeance, et qu'il peut passer comme un acte personnel. Ce n'est toutefois pas ce qui est personnel qui produit le talion, mais le concept du crime. ‘' La vengeance est mienne '' dit Dieu dans la Bible, et à celui qui ne voudrait voir dans la vengeance qu'une volonté particulière, arbitraire ou subjective, il faut dire que le talion n'est que la forme même du crime, se retournant contre lui-même »[131].

Tout comme l'arme que K. voulait retourner contre lui-même.

[131]*Ibidem.*, p.102

Bibliographie

Agamben G., *Nudités*, Paris, Payot et Rivages, 2009

Agamben G., *De la très haute pauvreté, règles et formes de vie*, Rivages, Paris, 2011

Althusser L., *Sur la reproduction*, « Actuel-Marx Confrontation », Paris, P.U.F, 1995

Arendt H., *Franz Kafka*, Heidelberg, Sechs Essays, Lambert Schneider, 1948

Arendt H., *La tradition cachée, le juif comme paria*, Angleterre, Christian Bourgeois, 1993

Arvit, prière de Yom Kippour.

Benjamin W., *Correspondance*, volume II, Paris, Aubier, 1979

Benjamin W., *Oeuvres II*, Folio Essais, Gallimard, Paris, 2000

Casanova P., *Kafka en colère*, Paris, Seuil, 2011

Deutéronome, 19, 16-21

Fischbach F., *Sans Objet, capitalisme, subjectivité, aliénation*, Paris, Librairie philosophique J. Vrin, 2009

Hegel F., *Principes de la philosophie du droit*, Paris, Vrin, 1998

Kafka F., *Le Procès*, Paris, Gallimard, 1987

Löwy M., *Franz Kafka, rêveur insoumis*, Un Ordre d'Idée, Stock, 2004

Naiweld R., *Les antiphilosophes, pratique de soi et rapport à la loi dans la littérature rabbinique classique*, Paris, Armand Colin, 2011

Rabbi Haïm de Volozine, *L'âme de la vie*, Paris, Verdier, 1986

Stimilli D., *Fisionomia di Kafka*, Torino, B. Boringhieri, 2001

Spinoza, *L'Ethique*, Livre II

Talmud, Traité Makot

Talmud, Traité Sanhédrin

Weingort A. *Leçons de droit hébraïque*, Saint Maur des fossés, Etz Haïm, 2000

Structures éditoriales du groupe L'Harmattan

L'Harmattan Italie
Via degli Artisti, 15
10124 Torino
harmattan.italia@gmail.com

L'Harmattan Hongrie
Kossuth l. u. 14-16.
1053 Budapest
harmattan@harmattan.hu

L'Harmattan Sénégal
10 VDN en face Mermoz
BP 45034 Dakar-Fann
senharmattan@gmail.com

L'Harmattan Cameroun
TSINGA/FECAFOOT
BP 11486 Yaoundé
inkoukam@gmail.com

L'Harmattan Burkina Faso
Achille Somé – tengnule@hotmail.fr

L'Harmattan Guinée
Almamya, rue KA 028 OKB Agency
BP 3470 Conakry
harmattanguinee@yahoo.fr

L'Harmattan RDC
185, avenue Nyangwe
Commune de Lingwala – Kinshasa
matangilamusadila@yahoo.fr

L'Harmattan Congo
67, boulevard Denis-Sassou-N'Guesso
BP 2874 Brazzaville
harmattan.congo@yahoo.fr

L'Harmattan Mali
Sirakoro-Meguetana V31
Bamako
syllaka@yahoo.fr

L'Harmattan Togo
Djidjole – Lomé
Maison Amela
face EPP BATOME
ddamela@aol.com

L'Harmattan Côte d'Ivoire
Résidence Karl – Cité des Arts
Abidjan-Cocody
03 BP 1588 Abidjan
espace_harmattan.ci@hotmail.fr

L'Harmattan Algérie
22, rue Moulay-Mohamed
31000 Oran
info2@harmattan-algerie.com

L'Harmattan Maroc
5, rue Ferrane-Kouicha, Talaâ-Elkbira
Chrableyine, Fès-Médine
30000 Fès
harmattan.maroc@gmail.com

Nos librairies en France

Librairie internationale
16, rue des Écoles – 75005 Paris
librairie.internationale@harmattan.fr
01 40 46 79 11
www.librairieharmattan.com

Lib. sciences humaines & histoire
21, rue des Écoles – 75005 Paris
librairie.sh@harmattan.fr
01 46 34 13 71
www.librairieharmattansh.com

Librairie l'Espace Harmattan
21 bis, rue des Écoles – 75005 Paris
librairie.espace@harmattan.fr
01 43 29 49 42

Lib. Méditerranée & Moyen-Orient
7, rue des Carmes – 75005 Paris
librairie.mediterranee@harmattan.fr
01 43 29 71 15

Librairie Le Lucernaire
53, rue Notre-Dame-des-Champs – 75006 Paris
librairie@lucernaire.fr
01 42 22 67 13